鉄道路線誕生秘話

日本列島に線路がどんどんできていた頃

米屋こうじ
Yoneya Koji

交通新聞社新書 142

「明治四十四年鐵道院」の刻印が見られるＪＲ日光線鶴田駅跨線橋の柱

はじめに

本書は月刊『旅の手帖』の連載「鉄道時間旅行」の記事を、加筆・修正して一冊にまとめたものだ。毎月日本各地へ取材に出かけて行くが、その際にはできるだけ、沿線の町の図書館にも立ち寄っている。

図書館のほとんどには、郷土史のコーナーがあり、その土地と周辺の県史、郡史、市史、町史、村史などが並んでいる。それらの資料を調べるのが図書館を訪ねる目的だ。

分厚い郷土史資料のページのなかに、たいがい鉄道建設にまつわる項目を見つけることができる。地元の鉄道がどのような経緯で敷設されたのか、その計画から完成までが詳細に書かれている。

一般的に郷土史は、地元の歴史研究家などで編纂室を組織し、編集・執筆されたものだ。専門的な資料や記録を探らなくても、その土地のさまざまな歴史をやさしく教えてくれる。

その面白さと最初に出合ったのは、まだ連載が始まるずっと前のこと。北海道・石北《せきほく》本線生田原《いくたはら》駅に併設されている生田原図書館の郷土史コーナーで手にした『生田原村史』だった。

石北本線の北見～遠軽《えんがる》間は常紋《じょうもん》峠を越える区間。明治時代後期の鉄道敷設計画段階で、現地調査が行われた。同書には、約30名の調査隊が常紋峠に入る様子が書かれている。読み進めると、老樹の茂る昼なお暗い密林で調査隊が道に迷う。次第に日が暮れ濃霧も発生。食料の補充に失敗し、人馬ともに空腹を覚えたとある。その文章からは、もはや遭難寸前な状況と、人跡未踏という山奥の不気味な様子が伝わってくる。１００年以上前の出来事にもかかわらず、辛くも生還した調査隊の面々がリアリティをもって感じられる。過酷な労働環境による線路建設や、蒸気機関車時代の撮影地として有名な常紋峠に、こんな歴史的な秘話があったとは、生田原村史を読まなければ気が付かなかっただろう。

そしてもちろん、駅や鉄道関連施設からも鉄道敷設時に思いを馳せることができる。

現在の駅は使いやすく、より合理的に改築されているため、敷設当時の姿を留めているところは少ない。だが特に地方の駅などで、よく目にするものがある。それは、古レール。使用済みのレールを、ホームの屋根を支える柱や梁《はり》に再利用しているものだ。レールには製造年が刻印されていて、鉄道草創期のものを見つけることもあった。

なにげなく立つ柱にも、探れば歴史が宿っている。鉄道敷設時の空気は、郷土史のなかやホームの柱に今も息づき、そこから活気に満ちた往時の日本が見えてくるのだ。

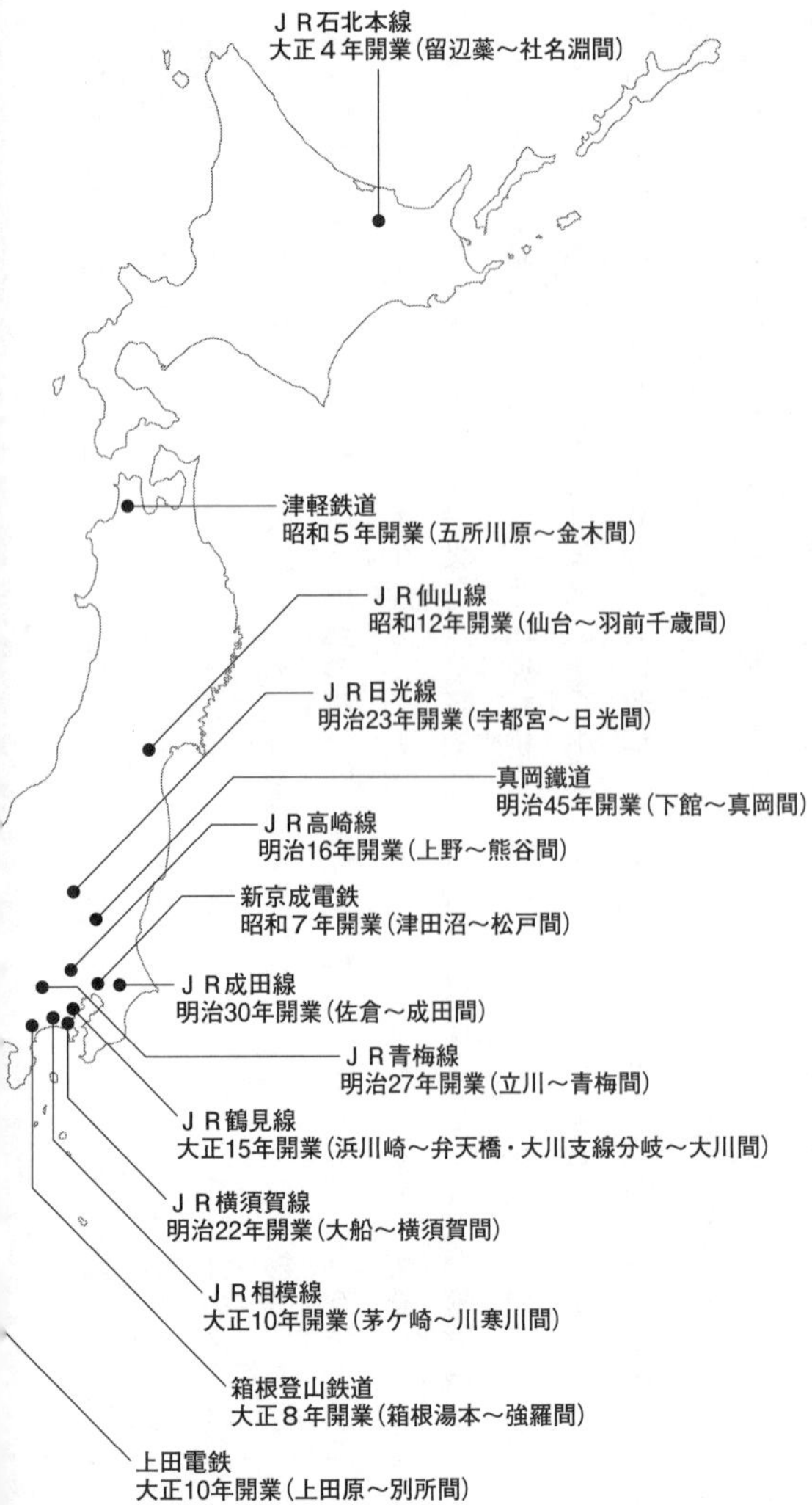
ＪＲ石北本線
大正４年開業（留辺蘂～社名淵間）
津軽鉄道
昭和５年開業（五所川原～金木間）
ＪＲ仙山線
昭和12年開業（仙台～羽前千歳間）
ＪＲ日光線
明治23年開業（宇都宮～日光間）
真岡鐵道
明治45年開業（下館～真岡間）
ＪＲ高崎線
明治16年開業（上野～熊谷間）
新京成電鉄
昭和７年開業（津田沼～松戸間）
ＪＲ成田線
明治30年開業（佐倉～成田間）
ＪＲ青梅線
明治27年開業（立川～青梅間）
ＪＲ鶴見線
大正15年開業（浜川崎～弁天橋・大川支線分岐～大川間）
ＪＲ横須賀線
明治22年開業（大船～横須賀間）
ＪＲ相模線
大正10年開業（茅ケ崎～川寒川間）
箱根登山鉄道
大正８年開業（箱根湯本～強羅間）
上田電鉄
大正10年開業（上田原～別所間）

掲載路線図

※駅名・区間は開業当時のものです。

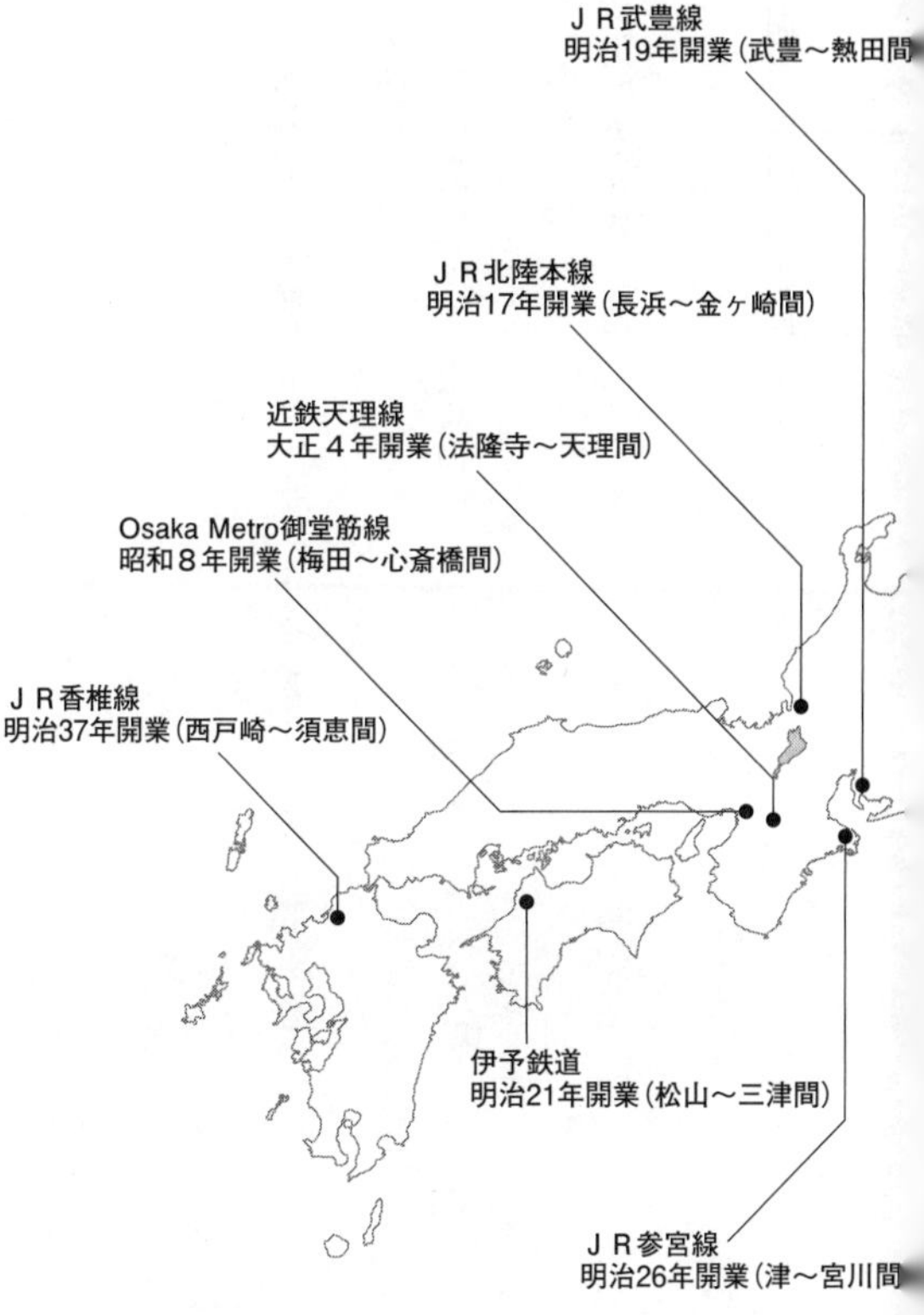

鉄道路線誕生秘話――目次

鉄路の〝シルクロード〟

JR高崎線

高崎線は日本で最初に民営の鉄道会社が敷設した路線だ。その社名も日本鉄道株式会社。政府の財政危機に際し、華士族らが創業させた。東京〜京都間を結ぶ幹線鉄道の一部になるのを見越し、養蚕《ようさん》・製糸業の盛んな地域に率先して敷かれた高崎線の歴史を辿った。

東京駅丸の内駅舎を模したJR高崎線深谷駅舎は平成8年に竣工した

廟議決定された明治政府による鉄道敷設

高崎線の電車を深谷駅で降りると、東京駅丸の内駅舎を模した赤レンガの駅舎が迎えてくれる。本物のレンガ造りではないが堂々とした佇まいだ。現在は首都圏でも重要な通勤・通学路線になっている高崎線だが、その歴史は古く、日本初の民営鉄道となる「日本鉄道」が開業した路線である。

明治2年（1869）、明治新政府は鉄道建設を廟議《びょうぎ》決定する。東京〜京都の両京を結ぶ幹線と、東京〜横浜などの支線を官により敷設するもの。幹線は東海道沿いと中山道《なかせんどう》沿いの2つのルートが候補として挙げられ、実地調査を開始。その結果、当時未開拓だった中山道沿いが注目され、お雇い外国人のリチャード・ボイルなども起用し、複数回の調査が行われた。

ボイルは内陸部の開発ができ、支線を敷設することで、太平洋と日本海を結べることから中山道沿いの幹線敷設を推進する。だが幹線は決まらず、明治5年（1872）、新橋〜横浜間に日本で最初の鉄道が開業。間もなく大阪〜神戸間、京都〜大阪間の鉄道が、官設官営によって開業していった。

日本初の民営鉄道会社 日本鉄道の創立

東京から北上し、青森に至る鉄道計画は、民間人の高嶋嘉右衛門《かえもん》が明治4年（1871）と5年の2度にわたり出願していた。高嶋は新橋〜横浜間の神奈川側の工事を請け負った人物。しかし、政府は官設官営で敷設する方針のため、これを許可しなかった。民間人では実現が困難と感じた高嶋は、元公家で華族の岩倉具視《ともみ》に相談をもちかけた。

その直後の明治4年11月、岩倉は欧米使節団の全権大使として欧米へ渡航、ロンドンで営業していた鉄道と初めて出合う。そのダイナミズムに衝撃を受け、旧佐賀藩知事の鍋島直大《なおひろ》、旧徳島藩知事の蜂須賀茂韶《はちすかもちあき》に華士族による鉄道建設を命じた。蜂須賀は岩倉の命に従い、華族や士族からの資金を募り、東京〜青森間と東京〜新潟間の鉄道建設を出願。岩倉は帰国後にこの出願を受け入れるよう政府に働きかけるも、国の方針に変わりはなく不認可で終わってしまった。

ところが、政府は明治10年（1877）の西南戦争で莫大な戦費を使い財政が逼迫《ひっぱく》、鉄道の官設官営を断念せざるをえなくなる。そして岩倉に、以前の鉄道建設計画が政府の協力で実現可能だ、と内々にもちかけた。岩倉にとっては願ってもないチャンス。鉄道建設を肩代わりすることを引き受けた。こうして華士族らの資本により、明治14年（1881）11月、日本初の民営鉄道会社である日本鉄道が創立。壮大な社名は日本各地の鉄道敷設も視野に入れたものだった。

開業直後の高崎線は鉄路のシルクロードだった

日本鉄道の「鉄道会社創立願書」によれば、「直《すぐ》ニ東京高崎間ノ線路ニ着手スヘシ、而《しこう》シテ此《この》線路中ヨリ右折シテ之《これ》ヲ青森ニ達セシメ、又高崎ノ線路ヲ延長シテ之ヲ大津ニ達シ、以《もっ》テ東西両京ヲ連接セシムヘシ」（『日本鉄道史』上篇）とある。まずは東京〜高崎間という、現在の高崎線（一部は東北本線）がただちに着工すべき区間とされた。

これは前述の中山道ルート案の一部を引き継いだもの。国による測量が済んでおり、地形が比較的平坦なことが確認されていた。またこれに加え、高崎の周囲は外貨獲得の手段として推進された、養蚕・製糸業が盛んだったことも要因にあった。

明治5年、政府は群馬県富岡に富岡製糸場を建設。最新の機械設備を投入し、それまでの手作業を機械化したことで、生糸《きいと》の生産量が飛躍的に増加した。また同時期に欧州では微粒子病という疫病が蔓延して生糸の生産量が激減、生糸は日本の輸出品第1位となっていた。北関東は養蚕・製糸業が盛んで、ここに鉄道を建設すれば国益に大いに貢献すると考えられ、東京〜高崎間は「第一区線」として建設が最優先された。実際の工事では、荒川の水運が建設資材輸送に利用でき、また開業後も舟運を利用して京浜間の鉄道に連絡できること、平坦で工事が容易なこと、東京側の起点駅が定まらなかったことなどを理由に、川口〜熊谷《くまがや》間が先行して着工される。明治15年（1882）9月1日、川口で鍬入式（起工式）が執り行われた。

これと前後して荒川の河岸には一台の英国製蒸気機関車が陸揚げされた。場所は現在の埼玉県川口市、荒川左岸に建つ善光寺付近。機関車は善光寺裏手の建設事務所で組み立てられたことから「善光号」と命名。善光号は、日本鉄道が発注した最初の機関車として、まずは建設資材の輸送に投入された。

やがて未定だった東京側の起点も上野に決まり上野〜川口間の工事もスタート。着工から約11カ月後の明治16年（1883）7月28日、第一区線の上野〜熊谷が開業した。『埼玉県史』には、開業から間もない8月25日の『朝野新聞《ちょうや》』による記事を例に、生糸輸送の変化を紹介している。

「鉄道開業以来便益《べんえき》を被《こうむ》る者少なからず、就中《なかんずく》生糸の如きは是《これ》まで熊谷より六千斤余を一輛の車に積載《つみの》せ三十五円を費《ついや》せしも、鉄道開業以来荷車も一輛貸切にて運賃全く十五円に止《とど》まりし上、輸送甚《はなは》だ迅速にてその便益言わん方なしと荷車諸君は大歓びのよし」と伝えた（『埼玉県史』第五節）。速く安く大量に輸送できる、鉄道の長所が早くも表れた結果となった。

熊谷から先は明治17年（１８８４）5月に高崎、同年8月には前橋（現在の新前橋駅付近）へ延伸。さらに翌18年に、赤羽から池袋、新宿、渋谷を通り品川までの通称「品川線」を開業。新橋〜横浜の官鉄線と連絡し横浜まで直通するようになると、生糸の輸送量はさらに増大した。

日本鉄道は続いて青森を目指す路線の建設に入った。分岐地点は最終的に大宮となるが、計画段階では、これを熊谷とし、館林《たてばやし》、足利《あしかが》、佐野、栃木を経て宇都宮に向かう案も機業関係者から出された。それほど当時の養蚕業には勢いがあった。

明治30年代に入ると、片倉組など、信州・岡谷《おかや》資本の製糸会社が、交通の便がよい熊谷へ複数進出。熊谷は「蚕糸《さんし》の街」と呼ばれるようになった。

高崎線の歴史を物語るレンガ造りの遺構を辿る

隆盛だった養蚕・製糸業は昭和5年頃をピークに衰退し、現在では沿線で桑畑さえも見かけることがなくなった。今、高崎線沿線で歴史に直接ふれることができるのは「レンガ」に関係した遺構くらいだろうか。

日本鉄道が現在の高崎線を建設した明治時代、主要な建物の建材として多く用いられたのがレンガだった。中央停車場として建設された東京駅の駅舎にもレンガが使用されている。その東京駅のレンガを製造したのが日本煉瓦《れんが》製造。明治20年（1887）10月、深谷に創業した会社だ。創業に関わったのは、深谷出身の渋沢栄一。第一国立銀行の頭取をはじめ、500もの企業に関わり、日本における〝資本主義の父〟とも呼ばれる実業家。令和6年度から刷新される1万円紙幣の肖像に採用された。渋沢は深谷にはレンガ製造に適した優良な土があることを知り、深谷の上敷免《じょうしきめん》に日本初の本格的な機械式レンガ工場を建設するよう指示した。

レンガの最初の供給先は、東京・日比谷の官庁街。利根川などの舟運を使い輸送された。続いて明治24年（1891）春から翌25年の間は横川～軽井沢間の鉄道建設に供給。トンネルや橋梁などに使う大量のレンガが送られた。その後、供給先は再び東京方面へと戻るが、このわずかな間に東京方面への舟運が衰退していた。輸送力が減衰した結果、レンガの製造量も減少してしまう。もともと自然環境の影響を受ける舟運は不安定だったこともあり、これを打開する目的で、工場から深谷駅まで約4・2㎞の日本煉瓦《れんが》専用鉄道が建設されることとなった。明治28年（1895）3月に着工し、同年7月には使用開始された。出荷するレンガのほか、深谷駅からは燃料となる石炭も運んでいた。

専用鉄道は昭和47年に廃止され、廃線跡は「あかね通り」という遊歩道に整備され、当時の面影をうかがうことができる。レンガの橋脚と橋台が並ぶ福川鉄橋は付近の公園に移設され、近くで見ることが可能だ。

「子どもの頃、川遊びしているとヂーゼルが通ってなぁ。貨車に飛び乗って深谷駅まで行ったこともある」と、公園で年配の男性が問わず語りに話してくれた。

深谷の専用線・福川鉄橋のレールには
1894年の製造刻印が

深谷駅から遊歩道になった専用
線跡を辿れる

深谷駅前の渋沢栄一像

岡部〜本庄の沓掛川橋梁。橋台のレンガ
には上敷免製の刻印があるが年代は不明

JR北陸本線

水陸を繋ぎ、海の玄関口・敦賀《つるが》港へ

琵琶湖畔と日本海側の敦賀港を結ぶ鉄道路線は早い段階で計画され、日本人のみで施工された。県境に立ち塞がる山塊に、当時日本一の長さとなった柳ケ瀬《やながせ》トンネルを掘削するも、後年これがネックとなり新線に切り替えられた。廃線跡に明治の構造物が今も残る。

明治14年（1881）竣工の小刀根（ことね）トンネルは
現存する日本最古の鉄道トンネル

日本海から畿内へ
琵琶湖を介した交通路

福井県南西部に位置する敦賀は、日本海沿岸の主要港のなかで太平洋に最も近く、また古くから水上交通に利用されてきた琵琶湖にも近接している。

これに目をつけた近江《おうみ》商人は、敦賀を中継し、北海道と大坂を結ぶ物流ルートを開拓した。北海道から運ばれた物資を敦賀で荷揚げし、陸路で琵琶湖北岸まで輸送。ここで丸子《まるこ》船《ぶね》と呼ばれる琵琶湖内を航行する帆船に積み替え、南岸の大津や堅田《かたた》で荷揚げし、京や大坂に送るルートである。

江戸時代中期に下関、瀬戸内海を経由する北前船（西廻り航路）が盛んになっても、ニシン、昆布などの水産物はこのルートが用いられ繁栄した。間に陸路を挟む手間を解消するために、敦賀（日本海）と琵琶湖を結ぶ運河を建設する計画が幾度も持ち上がったほど、主要な交通路だった。

明治政府は明治2年（1869）11月に東京～京都間の幹線鉄道を計画するが、それと同時に、琵琶湖畔～敦賀間の鉄道建設を廟議《びょうぎ》決定している。

難工事の柳ヶ瀬トンネル 長浜〜金ヶ崎間が開通

琵琶湖畔と敦賀を結ぶ路線は、明治4年（1871）に測量を開始。しかし明治政府は西南戦争後の資金難で「経済的には重要な路線ではあるが、直接の収益が期待できない」と大蔵省が反対した。だがこれに対して「太政《だじょう》大臣三条実美《さねとみ》の『米原ヨリ敦賀ニ達スル線路建築ト可相心得候事《あいこころうべくそうろうこと》』との指令で決定をみた」と『敦賀市史』に記されている。

当初は現在の北陸本線のルートに近い塩津経由が候補だったが、塩津経由は37‰《パーミル》（水平に1km進むと垂直に37mの高度差）の急勾配になるため、鉄道局長の井上勝はこれに異を唱えた。その結果、木ノ本から東側に迂回して柳ヶ瀬を通るルートへ変更。さらに陸上と湖を連絡する利便性の観点から、起点を米原から長浜に変更する案を出し、工部省と太政大臣の認可を得た。

長浜〜敦賀間の工事は明治13年（1880）4月に着工。すでに開通した京都〜大津間に続き、日本人だけで施工された2番目の路線となった。

全体の約4分の3にあたる長浜〜柳ヶ瀬間は、平坦で工事が順調に進み、明治15年

（1882）3月、滋賀・福井県境の柳ヶ瀬トンネル以外の区間が開通した。
長さ1352mの柳ヶ瀬トンネルは、当時は技術が未熟だったため時間を要した。『余呉《よご》町史』によれば「柳ヶ瀬隧道《ずいどう》は抗山抗夫を多数入れ、手掘で爆薬を使用して掘削するので硬い岩盤では一日一メートル、軟質の個所でも一日一・五メートル程度の進度であった」とある。さらに、東側の坑内では出水が多く作業を妨げ、坑内で使用されたカンテラの煤《ばい》煙《えん》が作業員を苦しめた。主要な幹線鉄道のトンネル掘削が、鉱山の坑道を掘るような現場の有様だったことに驚いてしまう。こうした苦難の末、明治17年（1884）3月に完成、翌月には長浜〜金ヶ崎間が全通した。

終点の金ヶ崎は敦賀港に隣接した駅で、海陸の中継点として重責を担った（大正8年〈1919〉敦賀港に駅名変更）。

長浜と大津の間には日本初の鉄道連絡船・太湖《たいこ》汽船が明治15年から運航を開始。これにより敦賀港から鉄道と船を使って神戸港へと抜けることができる、日本海と瀬戸内海を結ぶルートが完成した。

明治22年（1889）には東海道線が全通。同時に分岐駅の米原と長浜の間も開通し、引き替えに琵琶湖連絡船は廃止された。

苦難の柳ヶ瀬越えは新線へと切り替え

明治25年（1892）に公布された鉄道敷設法では、敦賀以北、富山までの北陸線が第一期予定線とされ、明治29年（1896）に福井まで開通した。

その後も北陸線が北東へ延伸するなか、敦賀港の需要が一時減少するも、明治32年（1899）に外国貿易のための港・開港場に指定され、明治35年（1902）にはロシアのウラジオストクとの間に定期航路が開設される。明治37年（1904）にシベリア鉄道が全通すると、日本と欧州を結ぶ最短ルートの一部に組み込まれ、明治45年（1912）からは、ウラジオストク便に接続する新橋〜金ヶ崎（敦賀港）間の直通列車が運行を開始した。

北陸線の需要増加に従って、やがて敦賀の前後区間が輸送上のボトルネックとなった。北側は今庄《いまじょう》までの山中越え。スイッチバックで克服していた。南側の柳ヶ瀬越えは前述の柳ヶ瀬トンネルが最大の難所。敦賀から長浜に向かって25‰勾配の途中にあり、蒸気機関車が吐き出す煤煙が乗務員や乗客を苦しめた。この区間を運転する乗務員には隧道手当が出されたほどだった。

そんな状況の下、昭和3年12月にトンネル内で貨物列車が立ち往生、煙に巻かれた乗務員が意識を失うなか、救援に向かった機関車の乗務員も窒息状態となり、3名が死亡、9名が負傷の惨事となった。事故後、トンネル出口に排煙装置が設けられたが解決にはいたらず、新線が計画された。

新線の工事は戦時下で一時中断するも、昭和32年に交流電化で完成。明治時代以来、大動脈として活躍した柳ヶ瀬越えの区間は、柳ヶ瀬線の名を受けローカル線に格下げされた。

新線は複線化の際、上り線をループ線にして勾配を緩和、昭和38年9月に完成した。柳ヶ瀬線は利用者が少なく昭和39年5月に廃止。線路跡は道路に転用され、車で跡を辿ることが可能だ。今も複数の遺構が残るが、間近に観察することができる小刀根トンネルは、明治14年竣工の現存する日本最古の鉄道トンネルである。

天井に残った煤《すす》が、勾配と格闘した時代を物語っていた。

補助機関車の基地として広い構内
を有した柳ヶ瀬線中之郷駅跡

柳ヶ瀬トンネルは現在、
県道の一部として交互通行で使用

敦賀の市街地に残る、港へと
続く開業時のレンガアーチ

明治15年竣工の旧長浜駅舎
は鉄道記念物第4号。目の前
の長浜港から琵琶湖を縦断
する連絡船が発着した

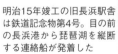

敦賀～新疋田（ひきだ）間の通称・鳩原（はつはら）ループ付近では上下線がダイナミックに交差。上り特急がループ線を目指す

本書に登場する主要人物紹介 1

井上　勝　[天保14年（1843）8月1日〜明治43年（1910）8月2日]

長州藩萩城下に生まれる。西洋学、航海術、英語を学び、文久3年（1863）脱藩。イギリス総領事の斡旋でイギリスへ密航し、ロンドンで鉱山技術や鉄道技術を学ぶ。帰国後、明治2年（1869）から新政府に仕え、イギリス人技師エドモンド・モレルの下で実地学習し、鉄道敷設を進める。明治4年（1871）には鉄道寮鉄道頭に就任（鉱山頭と兼任の後専任に）。明治6年（1873）に一旦辞任するも翌年復帰。神戸〜大阪〜京都間の鉄道敷設に直接関わり、同時にその後、日本各地で鉄道敷設を指導する技術者の養成を行った。明治10年（1877）、鉄道局の発足で鉄道局長に就任（後に組織改編で鉄道庁長官に）。その後、官設鉄道および日本鉄道の路線を次々と敷設。後年「日本の鉄道の父」と呼ばれるに至った。鉄道国有論者で私設鉄道条例や鉄道敷設法などにも関与した。

渋沢栄一　[天保11年（1840）2月13日〜昭和6年11月11日]

武蔵国榛沢《はんざわ》郡血洗島村（現・埼玉県深谷市血洗島）に生まれる。幕府要人の随員として27歳でヨーロッパへ渡航。パリ万博を視察するなど、ヨーロッパ各国を訪問し先進的な産業にふれる。大政奉還を受けて慶応4年（1868）帰国。新政府のもと明治2年（1869）に大蔵省に入省し財政政策を行う。明治6年（1873）に退省した後は実業家に転身。第一国立銀行はじめ、日本瓦斯、王子製紙など、500社以上もの会社設立に関わり、「日本における資本主義の父」と呼ばれる。令和6年度から発行される新一万円札紙幣の肖像に決定している。

鉄道建設のための鉄道線

JR武豊《たけとよ》線

知多半島の東を走る武豊線は
長い歴史をもつ路線だ。
現在はただの地方交通線に見えるかもしれないが、
明治の鉄道草創期には大きな役割を果たしている。
歴史の薫りを色濃く残す武豊線を訪ね、
歴史を辿ってみた。

明治43年竣工の半田駅跨線橋は日本最古といわれている

日本の鉄道草創期に敷設
今も多くの鉄道遺産を残す

名古屋から豊橋行きの新快速電車に乗ると、10分少々で大府《おおぶ》に到着する。大府から南へ進み、知多半島中東部の武豊を結ぶ19・3㎞の路線がJR武豊線だ。

武豊線には明治時代の鉄道遺産が多く残されている。

例えば半田駅。駅舎とホームを結ぶ跨《こ》線橋は、明治43年（1910）に建設されたもの。設置されて以来、同じ場所に存在する跨線橋としては日本最古といわれている。

また亀崎駅舎には竣工年である、明治19年（1886）を表した建物資産標が掲示されていて、現存する日本最古の駅本屋ともいわれる。その資産標に表記された年こそ、武豊線が開業した年だ。

日本の鉄道は、明治時代にまず幹線から整備された。地方の支線が敷設されていくのは大正時代以降になってからというのが大まかな流れ。だが、武豊線が敷設されたのは明治時代の前期、地方の一支線としてはほかに例を見ないほど早い。なぜ、この路線が鉄道草創期に敷設されたのか。それにはやはり理由があった。

東西の京を結ぶ幹線鉄道計画

明治2年（1869）11月、明治政府は東京と京都を結ぶ鉄道を幹線と定め、東京～横浜間、琵琶湖～敦賀《つるが》港間を支線として建設することを廟議《びょうぎ》決定した。

東西の両京を結ぶ幹線のルートは、東海道沿い、中山道《なかせんどう》沿いの2つが候補に挙げられた。東海道沿いは街道がすでに発達しているのに加え、沿岸航路との競合で輸送営業が不利であるとされた。

これに対し、中山道沿いは内陸部の発展に役立ち、また途中から支線を延ばせば、日本海と太平洋を結ぶことができるなどの理由から、中山道沿いが優位だった。

東海道か中山道か、幹線のルートを決定的としたのは「海岸から砲撃射程距離内に入る東海道線路は、軍事上見地から不適当である」という陸軍卿の山縣有朋《やまがたありとも》の上申書。富国強兵のかけ声をかけるも、欧米列強の存在が脅威であった当時らしい意見である。

これらを議論した結果、明治16年（1883）10月、中山道に沿った中山道幹線のルートに決定した。

鉄道建設の資材を運ぶため敷設された鉄道路線

中山道幹線の建設は東西両端から進められることとなった。

西側起工の区間では、イギリスから運ばれた資材を神戸港で荷揚げし、すでに大津まで開業していた鉄道で輸送すると考えられた。しかし、大津から長浜までの間は鉄道が開通しておらず、琵琶湖に就航する連絡船・太湖《たいこ》汽船に積み替える必要があり効率が悪い。そこで神戸港から名古屋付近の港へ海上輸送し、港から新たに敷いた鉄道で建設現場まで輸送する方法が検討された。

まず候補とされた港が、大型船が出入りした四日市《よっかいち》港だった。四日市から関ヶ原の隣、垂井《たるい》を結ぶ、資材輸送用鉄道の建設が明治17年（１８８４）に認可され測量に入ったが、結果は思わしくなかった。

鉄道局長の井上勝が明治18年（１８８５）3月、鉄道卿の佐々木高行に宛てた上申書「中山鉄道線路西部起工ノ義意見状伺」には、このように記されている。

「（前略）垂井四日市間線路実測ニ着工セシメタルニ同線ハ地形甚《はなはだ》銕道《てつどう》敷設ニ適セス工事

頗《すこぶ》ル困難ナルヘキ徴候《ちょうこう》アリテ大《おおい》ニ予想ニ反セリ（後略）」

地勢が険しく鉄道敷設に適さなかったというのだ。

その代わりに着目されたのが知多半島の東側、かねてより酢や酒の廻船が出入りした衣《きぬ》浦《うら》湾だった。衣浦湾から名古屋を経て岐阜方面に資材を輸送するルートだ。衣浦湾に面した半田付近から計画されたため、当時は半田線と呼ばれたこの鉄道こそ、現在の武豊線の原形なのだ（本稿ではすべて「武豊線」と表記）。

井上の上申書には、四日市案に比べ武豊案は平坦で建設が容易とある。また費用は5分の2、工期は3分の1で済むという経済的理由でも武豊案を強く推している。

さらに、名古屋区長（現在の市長にあたる）の吉田禄在《ろくさい》は、「幹線鉄道は東海道に、名古屋駅は笹島に」と、名古屋へ鉄道が通ることを井上局長に要請していた。

これを受け、井上は東京、大阪、京都に続く大都市として成長する名古屋は、幹線から外れたとしてもいずれは支線で結ぶ必要があるとした。

加えて知多半島は村が多く、資材輸送を終えても営業成績はいいだろうと予測。明治18年6月、太政《だじょう》大臣の名で武豊線敷設の令達が出された。

ただちに測量が開始され武豊線は着工。工事はスムーズに進んで7カ月後の明治19年2

月末には武豊～熱田間が完成、3月1日に開業した。

資材陸揚げの港は半田港ではなく、衣浦湾武豊に変更され、海岸付近に武豊駅を新設した。駅の地先には長さ約140m、幅約5・5mという木製の桟橋《さんばし》が組まれ、資材は沖に停泊する千石船《せんごくぶね》から艀《はしけ》で桟橋まで運び、貨車に積まれた。

資材輸送用ゆえ、本来は旅客営業をしないはずだったが、これも井上局長の上申により、一日2往復の旅客列車が運行開始。

こうして武豊線による資材輸送が順調に行われたことで、1カ月後の4月に清洲《きよす》まで、6月には木曽川まで、急ピッチに延伸が進んだ。

東海道線支線を経て武豊線となる

明治19年7月、中山道沿いの工事が予想以上に難儀なことから、東西幹線は中山道沿いから東海道沿いへの変更が決定された。

明治21年（1888）9月、大府～浜松間が開業し、大府～武豊間は東海道線の支線となる。その後、明治42年（1909）に路線名称制定により、正式に武豊線の名称で独立。

国鉄時代はローカル線となるも、民営化以降は輸送の改善策により名古屋への通勤・通学路線として需要が伸びた。

開業以来の貨物輸送も健在で、今日では昭和46年に創業した衣浦臨海鉄道が、自社線から大府まで直通運行を行っている。

東浦で分岐し、碧南《へきなん》市まで8・2㎞を結ぶのが碧南線。中部電力碧南火力発電所で脱硫《だつりゅう》用に使用される炭酸カルシウムと、発電時に石炭燃料の燃焼によって生成されるフライアッシュ（石炭灰）を輸送している。フライアッシュはセメントとミックスし、建築材料として用いられている。

また東岩成で分岐し、半田ふ頭を結ぶ3・4㎞の路線が半田線。こちらは衣浦臨海工業地帯の工場で使用する、原材料や製品を運ぶコンテナ列車が運行されている。

武豊線は平成27年に電化が完了したが、今もなお、鉄道草創期の薫り漂う路線である。

大府～尾張森岡間の線路は2本、手前の非電化線が明治時代に敷かれた線路で現在は貨物列車のみが通る

橋梁の多くは英国人技師ポナールによる設計で明治18年頃から建造。桁に錬鉄が使用されている（東成岩～武豊間）

東成岩駅へ入る衣浦臨海鉄道の貨物列車。右に分岐するのが臨海鉄道の線路

半田駅に残るランプ小屋

亀崎駅舎は現存する日本最古の木造駅舎といわれる

一路道後《どうご》温泉へ！

伊予鉄道

日本最古の温泉といわれ、年間約１００万人が
入浴する道後温泉。
鉄道が各地に敷かれた明治時代には、
温泉に向かう人々を運ぶための鉄道も建設された。
レトロな坊っちゃん列車で知られる
伊予鉄道の歴史を辿る。

軽便鉄道時代の蒸気機関車を復元した現代の坊っちゃん列車。
外観は蒸気機関車そのものだが、動力はディーゼルだ

古湯・道後温泉を目指した最初の鉄道・道後鉄道

聖徳太子も湯浴《ゆあ》みをしたと伝えられ、明治時代には正岡子規や夏目漱石も過ごした松山・道後温泉。夏目漱石は小説『坊っちゃん』で、「ほかの所は何を見ても東京の足元にも及ばないが、温泉だけは立派なものだ」と著している。

漱石が教師として松山に赴任したのは明治28年（1895）。その1年前、現在も使用されている道後温泉本館が落成した。

今から120年以上も昔、100年後の道後の繁栄を見据えて、老朽化した建物の改築に尽力したのが、初代道後湯之町（現在は松山市に合併）町長の伊佐庭如矢《いさにわゆきや》。改築の総工費は現在の価値で十数億～20億円という力の入れようだった。

明治28年には、伊佐庭ら有志が発起人となった道後鉄道が、松山市の中心地となる一番町（現・大街道《おおかいどう》）駅から道後（現・道後温泉）駅までと、三津口《みつぐち》（現・萱町《かやまち》6丁目）駅から松山城の北側を通って道後駅までの2路線、合計4・9㎞を開業した。軌間は762㎜の軽便規格で、道後温泉への最初の鉄道路線となった。

伊予鉄道が実現した
港～市街～温泉を結ぶ路線

多くの温泉客が利用したことで好成績を収めた道後鉄道だったが、開業から5年後の明治33年（１９００）に伊予鉄道に吸収合併された。

現在も松山一帯の地域交通を担っている伊予鉄道は、道後鉄道の開業から遡ること8年前の明治20年（１８８７）、発起者の小林信近《のぶちか》を中心に創業した民営鉄道だ。松山（現・松山市）駅と三津駅を結ぶ軌間７６２㎜の路線を、明治21年（１８８８）10月28日に開業した。これは四国最初の鉄道であり、また日本初の軽便鉄道路線だった。

瀬戸内海は古代より重要な海路だった。三津の港は松山へ向かう物資の集積地としてにぎわい、多くの商人たちが町家を構えた。

しかし、三津～松山間の約５㎞は人力車や牛馬に頼るしかなかった。小林は官有林の払い下げを受けた檜材を大阪に運送する際、三津～大阪の船賃より、松山～三津の陸上輸送費の方が高価であることに矛盾を感じたという。

「松山の発展には鉄道が不可欠」という強い信念を持ち、イギリス人、ドイツ人技師から指導を受けるなど、独自に軽便鉄道の研究を行い、明治18年（1885）、鉄道局へ鉄道会社の願書を申請する。

「鉄道の知識もない田舎者がわが国にまだない軽便鉄道を敷設するなど正気の沙汰ではない」（『伊予鉄道創立125周年史』より）と、鉄道局は許可に難色を示したが、小林の熱心な説明によって免許が下りた。

開業してみれば、伊予鉄道の業績は好調で、明治25年（1892）には三津駅から高浜駅までを延伸。続いて横河原線、森松《もりまつ》線（昭和40年廃止）などを次々に開業。また明治33年に郡中《ぐんちゅう》線の前身となる南予鉄道を、同時に前述の道後鉄道を吸収合併することで、松山郊外へと路線を広げ、道後温泉への路線も手に入れた。

ライバル松電との乗客争奪戦勃発

明治25年の伊予鉄道の三津から高浜までの延伸は、手狭な三津の港に代わり、大型の船舶が入港可能な高浜港の利用を進める意図があった。だが、それまで集散地の地位を占めていた、三津の人々からの反発を招いた。

明治39年（１９０６）、高浜港の整備工事が完了すると、三津から高浜への地位交代が明確になる。打撃を受けた三津では、伊予鉄道に対抗しようと有志が結束し、明治40年（１９０７）に松山電気軌道（以下松電）を創立。この松電が目指したのも、やはり道後温泉だった。

明治44年（１９１１）、伊予鉄道三津駅の宮前川対岸に位置する住吉から、松山市街南部を経由し道後までを開業。電気軌道の社名が表すように最初から電車による運行で、軌間１４３５㎜の標準軌が採用された。

一方の伊予鉄道はこれに先んじて、明治44年8月、旧道後鉄道の区間を、それまでの軽便規格から１０６７㎜に改軌して電化する。以降、両社による激しい乗客の争奪戦が繰り広げられた。

その時代、道後温泉には伊予鉄道、松電の２つの駅が存在した。駅前では駅員たちがなりふり構わず鈴を鳴らし、乗客を取り合ったという。そして運賃の値下げ競争が激化した結果、両社ともに収入減を招いてしまう。

狭い土地での争いは得策にあらずと、大正10年（１９２１）に伊予鉄道が松電を吸収合併、10年間に及んだ争いは終焉を迎えた。会社合併後は線路の整理が進み、一部は廃線となり市街の道路に転用されている。

そんな道後鉄道と松電の廃線跡を辿ってみた。地図を見ても市街地の道路としては不自然なカーブが描かれており、かつて線路が敷かれ、電車が走っていたことが容易に確認できる。

現在の城南線北側の住宅地を道後鉄道跡に沿って東へ歩くと、やがて道後温泉駅に辿り着いた。すると、明治の面影を復元した坊っちゃん列車が駅に到着。かつて2社が乗客を奪い合った場所に「ポーッ！」とかわいい汽笛が響きわたった。

大手町の市内電車と郊外電車高浜線の平面クロス

大正初期、現在の萱町6丁目付近で伊予鉄道を跨ぐ松山電気軌道。左の蒸気機関車が走るのは旧道後鉄道の線路で右は高浜線（『坊っちゃん列車と伊予鉄道の歩み』より）

道後鉄道の廃線跡をなぞるように斜めに立つ民家

右の道が道後鉄道の線路跡

伊予鉄道本社1階にある坊っちゃん列車ミュージアム。入場無料

道後温泉本館脇に立つ、本館改築と道後鉄道の創立に尽力した伊佐庭如矢の像

道後温泉本館

宮前川の河口に栄えた三津の港

本書に登場する主要人物紹介 2

浅野総一郎 [嘉永元年（1848）3月10日〜昭和5年（1930）11月9日]

「セメント王」とも呼ばれる、浅野セメント（現・太平洋セメント）の創業者。越中国射水《いみず》郡藪田村（現・富山県氷見《ひみ》市）に生まれる。商人を目指し明治4年（1871）に上京。薪炭商をするうちに、石炭からガスを生産する際に発生するコークスを安価で入手、官営の深川セメント製造所へ納めて巨額の利益を得る。明治17年（1884）には好条件でこの製造所の払い下げを受け、後に創業する浅野セメントの基礎ができあがった。その仕事ぶりは渋沢栄一にも評価された。明治29年（1896）の欧米視察後には渋沢栄一、安田善次郎などの協力を得て京浜工業地帯の構想を実現。セメント以外にも造船所など多数の企業を創業し、一代で浅野財閥を築いた。

五島慶太 [明治15年（1882）4月18日〜昭和34年（1959）8月14日]

東京急行電鉄（現・東急電鉄）の創業者。長野県小県《ちいさがた》郡殿戸《とのど》村（現・青木村）に生まれる。大正9年（1920）、鉄道院を辞職の後、武蔵電気鉄道（現・東急電鉄東横線）の常務に就任。小林一三（現・阪急宝塚グループの創業者）の推薦で荏原電気鉄道（現・東急電鉄多摩川線・目黒線）の専務を兼任する。するとその後の関東大震災の影響で東京郊外にあたる沿線人口が増加し、業績が好転。武蔵電鉄を買収し、社名を東京横浜電鉄とし東横線を開業する。その後も池上電気鉄道、玉川電気鉄道などを買収するとともに沿線にデパートや学校を誘致するなど、鉄道を起点とした都市開発を進めた。昭和17年の陸上交通事業調整法で京浜電気鉄道、小田急電鉄を合併、昭和19年には京王電気軌道などを傘下とした「大東急」が発足。ときに強引な手法で買収を進めたことで「強盗慶太」の異名をもつ。

日本海軍の命脈を担った

JR横須賀線

海軍の拠点・鎮守府が置かれた横須賀。
敵の侵入を許さず、かつ大型艦船が
停泊できる深い湾をもつ港町は、
同時に険しい地形に阻まれ、陸上からは
行き来しにくい場所だった。
富国強兵の名のもとに、軍用路線として
急ピッチで敷設が進んだ路線の歴史を辿る。

海上自衛隊の艦船が停泊する横須賀本港の傍らをかすめて走る。
横須賀〜田浦間

明治維新後急速に進展した軍都・横須賀への鉄道建設

横須賀線は都心と鎌倉や逗子《ずし》方面を結ぶ近郊路線のイメージが強いが、正式には大船～久里浜間を指す。

最初に開業したのは大船～横須賀間で明治22年（1889）6月と古く、その目的は言わずもがな、軍港のある横須賀へ人と物を運ぶためだった。

幕末の横須賀では、慶応元年（1865）に日本初の本格的な造船所・横須賀製鉄所の築造が始まり、明治4年（1871）に第一号ドックが運用開始。周囲には兵学寮分校、水兵屯集所、海軍病院、水雷練習所が、三浦半島東端の観音崎には最重要防御拠点として、陸軍の砲台が設置された。

首都・東京の要衝として横須賀周辺の開発が進むなか、明治17年（1884）には鎮守《ちんじゅ》府《ふ》が横浜から移転し、横須賀鎮守府が置かれた。

ところが当時横須賀へ至る陸上のルートは整備されておらず、船による海からの輸送だけが頼り。もし東京湾に敵艦が入ってしまえば輸送困難になることは明白だった。また、三浦半島の西部に位置する長井湾（現在の小田和《おたわ》湾）は敵軍に上陸されやすい急所であり、不測の時には直ちに兵力が投入できるよう、安定した陸上交通機関である鉄道の建設が急務とされた。

このような事情から、鉄道建設へいち早く動いたのは軍だった。

『新横須賀市史』（通史編・近現代）には、「一九年三月六日に海軍大臣西郷従道から陸軍大臣大山巌《いわお》宛てに、神奈川または横浜から横須賀または観音崎近傍便宜《きんぼうべんぎ》の地へ鉄道を敷設する要求を、両大臣連署で閣議に提出したいと協議がなされたことに始まる」と記されている。

折しも、東京と京都を結ぶ幹線鉄道の建設が、中山道《なかせんどう》ルートから東海道ルートに変更された時期と重なっており、明治20年（１８８７）に東海道線の建設費を一部流用する格好で、横須賀へ至る鉄道建設が閣議決定した。

着工から1年で敷設完了
開業前にお召し列車が運行

改めて横須賀線のルートに注目してみる。陸軍と海軍の提案したルートは異なっていた。『新横須賀市史』によれば、陸軍参謀本部は海軍の案について、「東京湾防衛上重要な路線であるが、この案では鎌倉と逗子（現・逗子市）の二ヶ所で外洋に近い位置を通り、敵艦の砲撃や奇襲上陸を受けやすい。また守防線から離れているので、利用・監視も不便である。そこで横浜から大岡村、中里村（現・横浜市港南区）、三分村を通り横須賀に至る路線が望ましく（後略）」との記述がある。陸軍は現在の京急本線の沿線に近いルートを提案したのだが、横須賀線の建設に関しては海軍の発言権が強く、主張を控えた。また、鉄道の開通が一刻も早く望まれるなかで、工事の容易さが現行のルート決定を導く結果となった。

横須賀線は明治21年（1888）1月に着工。実際に建設作業が始まると、三浦半島特有の地質構造、砂岩、凝灰岩、泥岩などが混在した脆《もろ》い地質に阻まれ、丘陵地を貫くトンネル工事は難航した。なかでも鎌倉と逗子の間に穿《うが》たれた名越トンネルでは、明治21年7月末に落盤事故が発生する。

こうして犠牲者を伴う工事に見舞われながらも、1年後の明治22年1月には敷設工事がほぼ完了。3月には、軍艦「八重山」の命名・進水式へ向かう明治天皇のお召し列車が運行された。開業の3カ月も前に盛大な行事が行われたため、実際の開業式は比較的地味だったという。

労働者が通う軍用路線から都心直結の通勤路線へ発展

開業してから3年後の明治25年（1892）には、大船から東海道線に乗り入れ、新橋までの直通運転が開始された。東海道線の一部という扱いを経て、明治42年（1909）に正式に横須賀線の名称となった。

明治37年（1904）には、海軍工廠造兵部への通勤者の利便性を図り田浦駅が開業。明治41年（1908）には海軍工廠の労働者向けの安価な定期券が、広島県の呉《くれ》、京都府の舞鶴、長崎県の佐世保《させぼ》とともに発売され、横須賀線の利用者は前年の約67万人から約124万人に倍増した。

それに伴って貨物の扱いも増えた。横須賀と田浦の町には軍施設などへの専用線（臨港線）が敷かれ、横須賀線に接続することで多くの物資を運んだ。

横須賀線は軍の用途が色濃い一方で、逗子や鎌倉は通勤が便利な住宅地として、あるいは都心から近い観光地や別荘地として栄えていった。

需要が増えた結果、大正時代に複線電化が進められ、大正13年（1924）に横須賀までを複線化、翌年に電化が完了した。

複線化にまつわる逸話が『圓覺寺史《えんがくじ》』に雑録として記されていて興味深い。

横須賀線は北鎌倉付近で円覚寺の境内を横切るが「圓覺寺境内白鷺池《びゃくろち》畔三百三十二坪を鐵道敷地とされ、總門《そうもん》前を線路が横断するので風致上、交通上影響が大きくなった。大正五年九月複線となり鐵道《てつどう》敷地に又とられた」とあり、いささか恨み節かと思いきや、「北鎌倉驛《えき》は昭和二年六月一日假營業《かりえいぎょう》。はじめは夏期だけ開設されたが、本營業は昭和五年十月一日より開始、驛は圓覺寺の門前でこれより來山者《らいざんしゃ》には甚《はなは》だ便利になった」と続き、鉄道による恩恵も記されている。

横須賀線の列車には海軍士官や別荘居住者の利用を見込んで、現在のグリーン車にあたる二等車を連結。昭和に入るとそれまでの客車に代わって電車が投入されたが、二等車の連結も引き継がれた。電車の導入は昭和5年、京浜急行電鉄の前身、湘南電気鉄道の開業に対抗したものといわれている。

戦中、戦後を経て、横須賀線が現在のような運行を開始するのは昭和55年になってから。それまで東海道本線に乗り入れていたものを、品鶴《ひんかく》線と呼ばれる貨物線を経由するように変更された。さらに品川からは地下線を通り東京で総武快速線と接続し、千葉方面へ直通運転されるようになった。

これに加え、平成13年には湘南新宿ラインの運転が始まり、東北本線の列車が乗り入れを開始。約１２０年前、軍用に建設された線路は時代を経て、今日多くの通勤・通学、行楽客を運んでいる。

大正14年（1925）頃、見晴山から撮影された横須賀駅の古い写真（写真＝鉄道博物館）

ホーム上屋の柱は1885年ドイツ・ウニオン社製の古レールを使用

昭和15年に竣工した3代目横須賀駅舎。ホームから駅出口まで階段が1段もない開業時からの設計

横須賀駅2番線（左）と列車が発着する3番線（右）。2番線の向かいにはお召し列車が発着した1番線の跡が残る

田浦～横須賀間の車窓に海上自衛隊の艦船を望む。戦時中は列車の窓の鎧戸が下ろされたという

田浦から分岐した
臨港線の跡が残る

明治の面影を伝える
田浦トンネルの横須賀側坑口

JR日光線

鉄路が目指すは国際観光地

歴史ある国際観光都市の玄関口として、
終着駅・日光に瀟洒《しょうしゃ》な洋館駅舎を構える
JR日光線。
外国人にも愛された日光観光の歴史とともに、
日光線建設の経緯を辿った。

気品ある洋館のJR日光駅舎は大正元年（1912）竣工の2代目

日光を再発見した
お雇い外国人

日本を代表する観光地・日光は、古くから多くの外国人を魅了してきた。

明治3年（1870）、英国公使パークス夫妻一行が日光東照宮を訪れたのに続き、明治5年（1872）には英国外交官のアーネスト・サトウが、公使代理のアダムズとともに東照宮や中禅寺湖を訪問した。

この旅行記を、日本の情報を海外に向けて発信する新聞『ジャパン・ウィークリー・メイル』に投稿し、日光の魅力が世界に公開された。

明治時代初期には、欧米の先進文化を日本に伝える目的で雇われていた〝お雇い外国人〟が多く在留していた。

政府は明治7年（1874）、外国人内地旅行允準《いんじゅん》条例を制定。それまで禁止していた外国人の旅行を許可制とし、翌明治8年（1875）から外国人旅行免状を発行する。免状で外国人が訪問できる場所は限定されていたが、日光は箱根や熱海《あたみ》とともに、訪問可能な場所の一つであった。

アーネスト・サトウは明治8年、英文のガイドブック『A Guide Book to Nikko』を刊行。東照宮などに見られる日本文化と、豊かな自然を有する日光は、お雇い外国人が休暇に訪れる保養地として人気が高まっていった。

日本鉄道の宇都宮開業と日光へ至る鉄道の要望

アーネスト・サトウはガイドブックに「4日間、江戸からぬかるみの平地をたどって来た甲斐があった」と記している。

江戸時代に整備した日光街道も、雨が降れば泥濘《でいねい》となった。そんな不便だった日光への交通を改善したのが、財政が悪化した明治政府に代わり、東京から北の鉄道を敷設・運行した日本初の民営鉄道・日本鉄道だった。

民営とはいえ実際には、政府の補助を受け、建設工事も鉄道局が代行するなど、半官半民の体裁だった。

明治18年（1885）7月、日本鉄道は大宮～宇都宮間を開業。東京から日光まで4日を要した移動が、宇都宮で鉄道から人力車に乗り換える行程で2日に短縮された。

日光への訪問者は大幅に増加し、明治20年（1887）には外国人だけでも1200人を超え、日本人も含めると5万人にもおよんだという。

宇都宮へ鉄道が達した翌年の明治19年（1886）6月、栃木県上都賀《かみつが》郡の有力者33名は、栃木県令（現在の知事）に「宇都宮ヨリ今市宿《いまいちじゅく》マデ汽車小《しょう》鉄道敷設願《ねがい》」を提出する。これは民営の日光鉄道を創立し、日本鉄道の宇都宮から今市へ至る路線と、鹿沼《かぬま》への支線の建設を請うものだった。

この願書は内務大臣を経て閣議に提出され、井上勝鉄道局長官の見解が求められた。井上は敷設に賛意を示したうえで「建設工事や営業を日本鉄道に委託してはどうか」と進言した。内閣は7月末に仮免許を与えた。

日光鉄道側はただちに測量、調査を開始。明治20年4月、実測図や予算書をまとめ県令に敷設願を提出する。

井上長官の進言どおり、この先は事業一切を日本鉄道に委託するつもりだった。しかし、株金募集も拡大し、第一国立銀行頭取の渋沢栄一を委員長に迎え、いよいよ着工か、という段階になったが、建設工事を委託する鉄道局が「工事着手之期ハ、何時《なんとき》ニ相成候《あいなりそうろう》テモ不苦趣《くるしからず》」と伝えてきた。いつ施工できるかわからないのを承知せよ、というのだ。

この頃の鉄道局は東海道線の建設に忙しく、日本鉄道の青森までの延伸や、両毛鉄道（現・JR両毛線）、水戸鉄道（現・JR水戸線）などの工事も請け負っており、余裕がないのが理由だった。

待望の日光線開通で一挙に進む交通整備

日光への鉄道建設計画に動きがあったのは、敷設願の提出から2年後の明治22年（1889）6月。日本鉄道理事委員会の席で、渋沢栄一が日光鉄道の逼迫《ひっぱく》した実情を陳情。列席していた井上鉄道局長官も日本鉄道に日光鉄道の買収を勧めた。

これを受けて日本鉄道による宇都宮～今市間の鉄道建設が正式決定。日光鉄道は、日本鉄道へ使命を渡して解散した。

日本鉄道は11月から測量を開始、翌年1月に起工する。同時に今市～日光間についても敷設許可願を提出し、3月に本免許状が下付された。

工事は順調に進み、今市までが半年後の6月に、最大25‰《パーミル》（水平に1㎞進むと垂直に25mの高度差）の勾配区間となる今市～日光間は工事が遅れ、同年8月に完成して全線開通した。

宇都宮〜日光間は所要1時間35分、一日4往復の運転だった。こうして上野〜日光間が約5時間で結ばれるようになった。

さらに、日光市内の交通も整備されていく。

明治43年（1910）には路面電車の日光軌道が、日光停車場前〜岩ノ鼻間を開業し、大正2年（1913）には馬返《うまがえし》まで延伸。

中禅寺湖へ至る中禅寺坂（現・いろは坂）も、明治20年代末に新道が開削され、大正時代には徐々に拡張されていった。

そんななか、昭和4年10月、東武鉄道日光線が全線電化で全通。浅草（現・とうきょうスカイツリー）駅から東武日光駅までを、直通電車が2時間台で結んだ。日光線のライバルの出現だ。

以来、両者は長らく乗客の争奪戦を繰り広げてきた。

昭和初期、日光線はまだ蒸気機関車が使用されていたが、上野〜日光間の直通列車を9往復運転、最速の準急列車には食堂車が組み込まれ、所要時間2時間27分で結んだ。

戦後になり、世の中が落ち着くと、日光観光への客足も戻ってきた。

昭和31年、東武鉄道がビュフェも備え、リクライニングシートなど車内設備に優れた特急用電車（1700系）を運行開始すると、同年、国鉄は上野～日光間の準急「日光」に新型のディーゼルカー（キハ55形）を投入した。

続いて日光線の電化が昭和34年に完了すると、国鉄は特急並みの設備を持った最新鋭電車（157系）を準急「日光」に投入。これに対抗して昭和35年、東武鉄道はジュークボックスを備えたサロンルームやビュフェも連結したデラックスロマンスカー（1720系）を投入するなど、火花を散らしてきた。

結果的には、国鉄が累積赤字を抱え経営再建に取り組むなか、距離、所要時間ともに短い東武鉄道が日光への旅客争奪戦に勝ったといえる。

ところが、平成18年3月より、新宿発の特急「日光」「きぬがわ」「スペーシアきぬがわ」が、JR東北本線の栗橋駅を介して、東武日光へ相互乗入れを開始。競争の歴史に終止符を打った。

通勤電車を観光用に改造した「いろは」が日光の山を背に鶴田駅に進入、写真右側は大谷の採石場から石材を輸送した宇都宮石材軌道大谷石材専用線の敷地跡

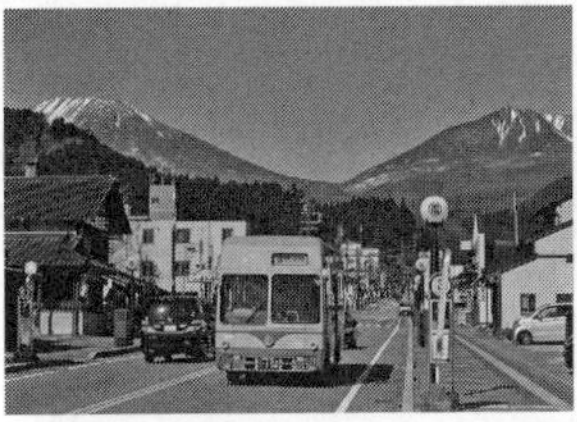

日光軌道線を模したバスがSL・DL「大樹」の運行日、鬼怒川温泉駅到着に連絡し日光まで走る

小川に架けられた橋梁の橋台はレンガ積み。鶴田～鹿沼間

正面から見るJR日光駅舎

JR日光駅舎の２階は、かつて一等旅客待合室だったものを復元、公開している

JR日光駅の貴賓室は大正天皇が利用した（非公開）

JR日光駅のホームから東武鉄道の電車を眺める

3路線が争ったお伊勢参りの足

JR参宮線

伊勢神宮への参拝者輸送を主目的に、
名古屋や大阪から3つの鉄道路線が敷設された。
最初に敷設されたのが現在のJR参宮線。
その前身となった参宮鉄道を中心に、
お伊勢参りの足となった鉄道の歴史を辿る。

複線時代を伝える外城田（ときだ）川の線路が外された橋。
田丸～宮川間

伊勢神宮を目指し参宮鉄道が最初に開業

「お伊勢さん」の呼び名で親しまれる伊勢神宮へ庶民が参拝できるようになったのは、平安時代末期頃からという。布教活動を担った御師《おし》が各地を回り、伊勢信仰を全国へ広めた。

江戸時代には暮らしが安定したことに加え、街道の整備で交通の便がよくなり観光の機運が高まった。庶民に許されたのは社寺参詣目的の旅行のみだったが、なかでも人気を集めたのが伊勢神宮への参詣だった。御師の呼びかけで、お金を積み立てて代表者が参宮する伊勢講が流行した。

明治・大正時代になると、神社仏閣への参拝客輸送を目的とした鉄道が各地に敷設されたが、伊勢神宮も例外ではなかった。

伊勢神宮へ至る鉄道路線の計画は数社が出願し、明治22年（１８８９）11月、参宮鉄道に仮免許が下りた。ただし「関西鉄道の路線に連絡する」という条件が付いた。

関西鉄道は奈良と三重を結ぶ、現在のＪＲ関西本線を営業していた会社だが、この鉄道会社が開業したのは、琵琶湖南岸から三重に向かう、現在のＪＲ草津線の区間だった。その後、名古屋を目指し柘植《つげ》から亀山を経て四日市まで延伸、同時に亀山から津へ至る支線が計画されていた。参宮鉄道はその津駅で連絡するのが条件だった。

ところが、津から先の伊勢まで、参拝客でにぎわっていた伊勢街道沿いの住民が、生業《なりわい》が奪われるとの理由から、建設中止の請願書を内務大臣などに提出する。

これを受けた鉄道局長の井上勝は「僅《わずか》ニ六百余名ノ少数者カ唱《とな》ヘルトコロヲ以《もっ》テ沿道全体ノ景状トハ見做《みな》シ難《がた》カラン」と突っぱね、明治23年（1890）8月に本免許が下付された。

伊勢神宮を目指して3社の路線が三つ巴に

参宮鉄道は明治26年（1893）12月に津～宮川《みやがわ》間を開業。明治30年（1897）11月には宮川を渡る、橋長458mの宮川橋梁が完成し、宮川～山田（現・伊勢市）間が開通。翌年4月には京都への直通列車が運行開始された。鉄道利用者は開業翌日には早くも前年度比の1・5倍に増加したという。

宇治山田町（現・伊勢市）は、山田駅と外宮を直線で結ぶ、幅員8・5mの駅前通りを明治32年（1899）に完成。また明治36年（1903）には、後に三重交通神都《しんと》線となる路面電車が、外宮前の本町から二見の間に開業。その後、路面電車は山田駅前や内宮《ないくう》へ延伸し、参拝者の交通の便が著しく向上した。

参宮鉄道は順調な経営が続き、複線電化を計画し認可された。しかし着工前の明治40年（1907）に関西鉄道とともに国有化される。官営鉄道は阿漕《あこぎ》～山田間の複線化工事に着手し、明治44年（1911）までに一部を除いて完成させた。

複線化を果たした明治44年に鳥羽まで延伸。大正15年（1926）には東京～鳥羽を直通する急行列車が運転を開始している。

同時期の明治43年（1910）に軽便鉄道法、大正8年（1919）には、これを改正した地方鉄道法が公布され、私鉄による鉄道建設が盛んになった。

大阪、奈良で鉄道路線をもち、現在の近畿日本鉄道の礎《いしずえ》となる大阪電気軌道は、伊勢方面への進出を目論み、すでに桜井～名張《なばり》間で免許を取得していた大和《やまと》鉄道を買収する。さらに子会社の参宮急行電鉄を設立し、名張～山田間の建設に着手。昭和5年に完成させた。2年後には新型の特急列車が大阪の上本町～山田間を約2時間で結び、大阪から日帰りの参拝を可能にした。

そのわずか5日後には伊勢電気鉄道が新松阪〜大神宮前間を開業、既設の新松阪〜桑名間と結んだ。桑名からは現在の養老鉄道を経由し、大垣で東海道本線と接続するルートが完成した。

伊勢参拝をめぐる鉄道は、伊勢電気鉄道、参宮急行電鉄（現・近鉄山田線）、官鉄参宮線（現・JR参宮線）による三つ巴の様相となった。

しかし、名古屋への延伸を目標とした伊勢電気鉄道が、昭和恐慌のなかで「建設に多大の資金を投入した割合には、乗客数が伸びず、経営は苦しく（後略）」（『伊勢市史』第四巻より）というように経営が振るわなかった。昭和11年9月、伊勢電気鉄道は参宮急行電鉄に吸収合併される。お伊勢さんへ向かう鉄道の覇権争いは、残る2者での争いとなった。

かつてのメインルートから旅情感じるローカル線に

やがて、第2次世界大戦に突入すると、不要不急とされた路線が廃止・縮小された。

昭和17年、参宮急行電鉄のうち、旧伊勢電気鉄道区間の新松阪〜大神宮前は、同社内の重複路線という理由で廃止。一方、官鉄参宮線は昭和19年、複線から単線へと縮小。これが、戦後に明暗を分ける遠因となった。

戦時統合で誕生した近畿日本鉄道は、参宮急行電鉄、伊勢電気鉄道、関西急行電鉄の路線を引き継ぎ、戦後は大阪や名古屋から伊勢への特急列車を頻繁に運行した。現在では伊勢路へのメインラインとなり、志摩半島とセットの観光路線に成長。平成25年からは、観光特急「しまかぜ」も運行されている。

一方の参宮線は快速「みえ」が奮闘するも、ローカル線の趣が色濃い。

そんな参宮線の昔と今を眺めようと、木造駅舎のある田丸で下車した。駅を出て東へ歩くと、外城田《ときだ》川を渡る短い鉄橋が見えた。立派なレンガ積みの橋脚が2基あり、1基は空を支えている。かつて複線だった証だ。参宮線がメインルートを外れたことで、過度な設備更新がされずに留まっているのだろう。

古《いにしえ》の鉄道施設が残る参宮線の、隠れた魅力にふれた気がした。

紀勢本線高茶屋駅付近に残る複線の跡

伊勢市駅は山田駅として開業し、昭和34年に改称。現在の駅舎は4代目

時代に取り残されたかのような趣がある、大正元年（1912）竣工の田丸駅舎

伊勢電気鉄道が使っていた大神宮駅近くの2つのトンネルは道路として残る

近鉄の宇治山田駅は参宮急行電鉄が昭和6年に完成させた

伊勢神宮の禊（みそぎ）川である宮川を渡るＪＲ参宮線の列車

鉄道用語解説 ❶

軌　　間

一般的な鉄道の線路は2条のレールで成り立っているが、このレールの間隔のこと。ゲージとも呼ぶ。車両性能や輸送力に影響する重要な要素で、その鉄道の歴史や用途、経済性によりさまざまな軌間が存在する。国際的には最も普及している1435㎜が標準軌とされ、それより広い軌間を広軌（ブロードゲージ）、狭い軌間を狭軌（ナローゲージ）と呼ぶ。日本の新幹線は標準軌。官営〜国有鉄道（現・JR）の軌間は1067㎜で狭軌になる。軌間が異なれば同一車両での直通運転が一般的には不可能だが、海外では台車交換や、軌間可変車両を使用して直通可能とするケースもある。また、一つの軌道に3〜4本のレールを用いて2種類の軌間の併用を実現したデュアルゲージも存在する。

軽便鉄道

レールや車両の重量など、基準規定が普通鉄道よりも低く認められた鉄道。明治43年（1910）公布の軽便鉄道法、翌年の軽便鉄道補助法により、軽便鉄道ブームが起こり日本各地に拡充した。建設・維持費が普通鉄道に比較して安価なため、主に民営の地方鉄道や鉱山鉄道、森林鉄道などで多く用いられた。国も鉄道敷設法にない地方路線を軽便線として敷設していった。軌間は国有鉄道の1067㎜よりも狭い762㎜が普及したが、官設の路線は1067㎜で敷設されるケースもあった。

鉱石を運ぶために誕生した

ＪＲ青梅《おうめ》線

東京の西部を走る青梅線。管轄するＪＲ東日本八王子支社は青梅～奥多摩間の愛称名を「東京アドベンチャーライン」と発表した。自然あふれる奥多摩への行楽客輸送と通勤輸送を担う路線だが、その誕生の主な理由は、沿線で産出される石灰石を運ぶことだった。

鋼トレッスル橋脚に支えられた長さ105.5m、高さ26.5mの奥沢橋梁。
御嶽（みたけ）まで延伸した昭和4年に完成した。
軍畑（いくさばた）鉄橋とも呼ばれる

現在は青梅を境に性格を二分
石灰石採掘とともに計画される

立川と奥多摩を結ぶＪＲ青梅線は、青梅駅を境にして二つの顔をもっている。立川～青梅間は中央本線・東京方面との直通列車が多数運転され、通勤路線の性格が強い。一方、青梅～奥多摩間は、多摩川上流の谷間を走る自然豊かな環境にあり、週末はアウトドア・レジャーに出かける行楽客でにぎわう。

青梅線が最初に開通したのは立川～青梅間。明治27年（１８９４）11月のことだった。敷設したのは民営の青梅鉄道で、主な目的は、沿線の石灰石を輸送することにあった。『青梅鉄道三十年史』によれば「武州《ぶしゅう》西部地方は、所謂《いわゆる》秩父山系にして古来石灰石に富む。西多摩郡日向和田《ひなたわだ》村に一画する多量の石灰石も、既に人口の膾炙《かいしゃ》せられると雖《いえど》も、運輸の途《みち》封鎖せられ地方有志をして徒《いたずら》に袖手傍観《しゅうしゅぼうかん》を託《かこ》たしめたり。」（『青梅市史』下巻）とある。日向和田付近には石灰石が多量にあることは人々に知られているが、輸送方法がなく、地元の有志もただ見ているしかないという状況だった。

明治になり、セメントが使用され需要が高まるなか、明治21年（１８８８）には福生《ふっさ》や羽村、三田《みた》村（現・青梅市西部）などで、酒造業、養蚕《ようさん》業、木材業などを営む地元の資産家3名が、「近来建築等之《の》改良有ルニ伴ヒ、之《こ》レヲ他ニ輸出セントスル」と発起し、採掘事業を思い立った。掘り出した石灰石の輸送手段として、立川〜青梅間の軽便鉄道が計画された。

発起人に名を連ねたセメント王
開業翌年に日向和田へ延伸

東京都心と青梅方面とを結ぶ鉄道は、明治16年（1883）に新宿〜羽村間の玉川上水の土手に馬車鉄道を敷く計画もあったが実現しなかった。

その後、中央本線の前身となる甲武鉄道が、明治22年（1889）4月に新宿〜立川間を開業、4カ月後には八王子まで延伸した。その支線として日向和田への新線敷設の陳情もなされたが叶わず、青梅への鉄道建設計画はなかなか進展しなかった。

そんな状況を動かしたのは、浅野セメント（現・太平洋セメント）の創業者で「セメント王」と呼ばれた浅野総一郎だった。

明治24年（1891）、鉄道建設の発起人のなかに、政財界とのつながりがある浅野の名が加わり、計画が現実味を帯びてきた。

当時、浅野の経営するセメント工場は栃木県の葛生《くずう》（現・佐野市北東部）産の石灰石を調達。そこからは陸上輸送で、葛生と渡良瀬《わたらせ》川支流である秋山川の左岸に位置する越名《こえな》まで敷かれた安蘇《あそ》馬車鉄道を使用。ここで舟に積み替え、渡良瀬川、利根川を通って東京・深川の工場まで運んでいた。

もともと舟運は気象に左右されやすく不安定なところがあり、長い輸送距離でコストがかさむことから、深川により近い青梅周辺の石灰山に目が向けられた。

甲武鉄道が軌間１０６７㎜なのに対し、青梅鉄道は建設費が安い軽便の７６２㎜で出願した。鉄道庁は将来１０６７㎜へ改軌するのを条件に、明治25年（１８９２）６月に免状を交付。翌月、正式に青梅鉄道が設立された。

建設工事は甲武鉄道に委託し、明治27年11月に立川～青梅間が開業。明治28年（１８９５）12月には、貨物専用線として日向和田駅へ延伸し、採石場からの石灰石輸送が開始された。

石灰石の採掘事業も青梅鉄道の石灰石採掘部が執り行った。軌間が異なるため、立川駅では青梅鉄道から甲武鉄道へ貨物の積み替えが行われた。

セメント需要に翻弄戦時中に国有化される

明治30年（1897）以降の経営は順調に推移した。日向和田で産出した石灰石は立川から甲武鉄道で飯田町（飯田橋～水道橋間にあった駅）に運ばれ、艀《はしけ》に積み替えられて、深川にある浅野セメントの工場へ輸送された。

しかし、立川駅での積み替え作業がネックとなり、一日3往復のダイヤが限界で、増加する需要に追いつかないことが見込まれた。

青梅鉄道は明治40年（1907）に臨時株主総会を開き、1067mmへの改軌を決議。同時に日向和田から二俣尾《ふたまたお》への延伸、二俣尾の新たな採掘場の開設が決められた。

改軌は明治41年に完了し、大正3年（1914）には二俣尾へ延伸。改軌の効果は著しく、旅客や貨物の量も飛躍的に伸び、青梅鉄道の営業利益は改軌前から倍近くに膨らんだ。

浅野セメントは、独自に石灰山を開発し引き込み線を敷設。二俣尾に拓かれた雷電山や青梅鉄道創設のきっかけとなった日向和田（後に宮《みや》ノ平《ひら》）の石灰石採掘権を取得し、ますます隆盛となった。

大正12年（1923）、青梅鉄道は電化され、翌13年11月に開業30周年を迎えた。30周年にあわせて、青梅には3階建ての本社兼駅舎を建設し、祝賀会が華やかに催された。だが大正時代末期になると経営不振に見舞われるようになった。

昭和4年、青梅鉄道は社名を青梅電気鉄道へ変更、同年に御嶽《みたけ》まで延伸したが、第1次世界大戦後の不況に加え、昭和5年には浅野セメントを大株主とする五日市鉄道が、拝島～立川間で青梅電気鉄道の南側に鉄道を新規開業しその影響を被った。

五日市鉄道は、五日市方面からの石灰石列車を運行させる目的で敷かれたため、一部列車が青梅電気鉄道を通過しなくなり輸送量が激減。経営が苦しくなった。

しかし、昭和12年に日中戦争が勃発したあとは、立川～福生間に軍需工場が次々に建設され通勤客が急増。またガソリンの高騰で貨物輸送も増加し、経営が好転している。

御嶽以西の延伸は、新たに設立された奥多摩電気鉄道が担うこととなった。

太平洋戦争の最中、国策により青梅電気鉄道は昭和19年4月に国有化、3カ月後には奥多摩電気鉄道が御嶽～氷川《ひかわ》（現・奥多摩）間の完成と同時に国有化され、立川～氷川間が運輸通信省（国鉄の前身）の青梅線となった。

戦後、青梅線沿線の旧陸軍の航空関連施設（立川と横田）が在日米軍基地となり、大量の労働者を雇用。旅客輸送人員は昭和17年の1256万人から昭和23年には2382万人へと大幅に増加した。

平成10年まで続けられた鉄道による石灰石輸送

青梅線の終点・奥多摩駅のホームから、北側に奥多摩工業のプラントを望むことができる。御嶽〜氷川間を建設した奥多摩電気鉄道は、昭和19年に鉄道事業を国有化された後、社名を奥多摩工業と変更、戦後になって石灰石の採掘・販売を開始した。石灰石は青梅線を使って搬出。奥多摩駅の構内は幾本もの側線が敷かれ、貨車がひしめいていた。

石灰石列車を牽引する電気機関車として、昭和6年から製造された電気機関車、ＥＤ16形が昭和58年まで使用された。現在青梅鉄道公園には、国の重要文化財に指定された1号機が保存されている。

石灰石列車の牽引機関車はその後、新型のＥＦ64形へ置き換わったが、青梅線の石灰石輸送は平成10年で終了。現在はトラック輸送に切り替わり、その姿を見ることはなくなった。

軽便鉄道時代の貨車。開業時の日向和田は現在の宮ノ平駅の南西にあり、採掘所までスイッチバックで線路が引かれていた。写真＝青梅市郷土博物館

青梅駅舎は大正13年（1924）に竣工。青梅鉄道本社も兼ねた地上3階建てのモダンな建築物

奥多摩駅から見る奥多摩工業の施設。20年前まで鉄道で輸送していた

日向和田の石灰山関連施設跡

二俣尾駅引き込み線積込場までの専用線跡がひっそりと眠る。
雷電山石灰山は資源枯渇で昭和4年に採掘を終了

JR成田線

信仰心は鉄路も通す

著名な寺院や神社への参拝は
江戸時代の遊興の一つだった。
鉄道が次々に敷かれてゆく明治～大正時代には、
参拝のために利用してもらうことを目的とした
路線が各地に敷設された。
成田山への参拝者輸送から、
やがて行商でにぎわった成田線の歴史を辿る。

成田の町を抜け空港を目指す快速列車。新勝寺の平和の大塔を望む
（撮影協力＝成田U-シティホテル）

江戸期から人気の成田山へ鉄道建設をめぐり数社が出願

毎年1月初旬の週末になると、宇都宮や前橋、伊東、小淵沢など関東と近郊の各駅から成田を目指す臨時列車が運行される。いずれも成田山新勝寺《しんしょうじ》への初詣参拝者を運ぶのが目的。臨時列車は国鉄時代から運行されており「成田臨」と呼ばれている。普段は別の路線を走る車両が、成田を目指して走るのが珍しく、鉄道ファンにとっては恰好の被写体として人気がある。

令和2年に千葉県の成田山へ初詣に訪れた人は実に300万人以上。日本で3本の指に入る参拝者数だ。

成田山が開山したのは、今を遡ること約1080年前の天慶3年（940）。朱雀《すざく》天皇の勅命を受けた寛朝《かんちょう》という大僧正が、不動明王を京より成田の地に捧持《ほうじ》。御護摩を焚いて平和祈願を行ったところ、新皇を名乗り乱世を引き起こした平将門《たいらのまさかど》の乱が鎮まった。朱雀天皇は「神護《じんご》新勝寺」の寺号を与え、勅願所として開山した。

その後、源頼朝《みなもとのよりとも》や徳川光圀《みつくに》などが訪れ、江戸時代の元禄期には歌舞伎役者の初代市川團十郎《だんじゅうろう》が帰依し「成田屋」を屋号としたことなどから、成田山は民衆の間で絶大な信仰を集めた。

そんな成田山までは、東京都心から直線距離で約50㎞。江戸時代末期から明治時代初期には、人々は船と徒歩で2日がかりで成田に詣でたという。明治10年代には東京〜成田間に乗り合い馬車が開業し、所要約8時間と大幅な短縮を果たしたが、成田への道のりを画期的に変えたのは鉄道の開通だった。明治時代中期になると、鉄道の利便性が広く認知されるようになり、各地で私設鉄道の起業が盛んになり、新路線の出願が相次いだ。

東京と成田を結ぶ鉄道も民間から数社が出願されたが、最初にこれを実現したのが、ＪＲ総武本線の前身となる総武鉄道だった。

総武鉄道は、市川〜佐倉間を明治27年（１８９４）7月に開業、12月には東京の本所《ほんじょ》（現・錦糸町）までの間が開通した。佐倉で乗り合い馬車に乗り継げば、東京〜成田間は約3時間の道のりとなった。驚くべき時間の短縮に、参拝者が著しく増加した。

総武鉄道の開業で便利になったが、佐倉〜成田間の成田山までの「あと一歩」を埋めるため、鉄道建設が複数の事業者から出願された。すでに佐倉までを開業していた総武鉄道も含まれていたが、最終的には成田鉄道（免許申請時は下総《しもうさ》鉄道）が、条件付きで仮免許を取得した。

成田鉄道の誕生
総武鉄道との争奪戦も

この成田鉄道の発起人に地元有力者とともに加わっていたのが、成田山新勝寺の山主・三池照鳳《みいけしょうほう》。

『新修成田山史』（昭和43年刊）によれば、「土地の繁栄発展の為には、是非鉄道を敷設せねばならぬと痛感され、（中略）自ら発起人総代として成田鉄道の前身である下総鉄道を出願して遂《つい》にその目的を貫徹された」とある。

三池山主の力もあり、既設の総武鉄道を差し置いての免許取得となった。

成田鉄道は明治30年（1897）1月19日、佐倉〜成田間を開業。総武鉄道との直通運転により約2時間半で本所〜成田間を結んだ。この直通運転により参拝者が激増し、門前の旅館や飲食店は大繁盛したという（直通運転は間もなく廃止）。

成田鉄道は明治31年（1898）2月、成田〜佐原間を延伸開通。明治34年（1901）には成田から西へ分岐して我孫子《あびこ》へ至る通称「我孫子支線」も開業している。我孫子では日本鉄道（現・JR常磐線）に接続し、成田〜上野間も結ばれるようになった。

成田から佐倉経由で本所までと、我孫子経由で上野までを比較すると、距離的には大差はない。しかし成田鉄道の路線だけで見ると、成田〜我孫子間のほうが佐倉までより距離があり、約3倍の運賃がとれる。このため成田鉄道は、我孫子経由に力を入れるようになった。

明治35年（1902）からは、日本鉄道と提携して上野〜成田間に直通運転を開始。4月の成田山大開帳にあわせて、この列車に東日本初となる、喫茶室付きの一等車両を連結してサービスアップを図った。明治36年（1903）発行の『風俗画報』増刊号には、成田鉄道の喫茶室をスケッチした石版画が掲載されている。

「(前略) 瀟洒《しょうしゃ》なる喫茶室の設けありて、菓子、果物、和洋酒、珈琲、煙草等を廉価《れんか》にて販売し居《お》り。新聞雑誌も備付《そなえつけ》あれば、旅客は車内の無聊《ぶりょう》を慰《なぐさ》むるを得《う》べし（後略）」と案内文も添えられている（グランプリ出版『食堂車の明治・大正・昭和』より）。

打撃を受けたのは、佐倉経由の乗客を奪われてしまった総武鉄道。運賃の割引や成田駅頭での客引きなど、2社による参拝客争奪戦に発展したが、鉄道国有法により明治39年（1906）、日本鉄道は国有化。明治40年（1907）に総武鉄道が、大正9年（1920）

には成田鉄道も国有化され鉄道省に帰属。しのぎを削る争いは消えた。

現在、佐倉～成田間には平成3年に開業した成田から空港直下の駅を結ぶ空港支線により、特急「成田エクスプレス」や空港直通の快速列車が頻繁に運行される。一方、成田～我孫子間は上野東京ラインを経て品川へ乗り入れる列車も多く、通勤通学路線の色合いが強い。

行商でにぎわった時代は成田線の歴史の一ページ

かつては喫茶室付き車両が走った成田～我孫子間を辿った。車窓を眺めていると、駅のホームに設置されている不思議な木組みが目に入った。ベンチのようだが腰掛けるには高すぎる。これは行商人たちが使った「担ぎ台」と呼ばれる荷物台で、安食《あじき》駅、湖北駅のホームに残っている。行商人が重い荷物を背負ったまま休めるもので、成田線が行商でにぎわった時代の証だ。

JR東日本千葉支社では、湖北駅の改良工事に伴いこれを撤去する予定だったが、我孫子市が保存を要請。一部をそのまま残し、撤去した担ぎ台は、我孫子市と鉄道博物館で保存されることになった。

千葉方面から東京への行商のルーツは、関東大震災で被災した都心に新鮮な野菜を届けるためだといわれ、歴史は古い。成田線出荷組合には、最盛期の昭和30年代半ばに約3000人が登録。昭和39年の調査では、一日平均で1750人ほどの行商人が成田線を利用したとされる。

早朝の列車で東京へ出て、お昼頃には自宅へ戻る行程で、戦後すぐには組合の依頼で朝の1～3番列車に行商専用車が設けられたほどだ。

今日では行商人の姿を目にすることも希になったが、銀座で〝おばちゃん〟と呼ばれ親しまれる石山文子さんは、24歳の頃から行商を始めて60年以上になる。茨城県利根町の自宅から、東京・東銀座の歌舞伎座付近まで、野菜の詰まった籠を担いで通う。

「飽きないで商いしていますす」と冗談交じりに話す笑顔が素敵だった。

成田～上野間の直通列車に設けられた喫茶室。ビールやウィスキー、コーヒー、紅茶、果物、ビスケットなどを提供した。
明治36年の『風俗画報』CD-ROM版（ゆまに書房）より

安食駅ホームの行商人用荷物台

山号の記された大提灯が下がるJR成田駅改札口

成田線で行商に出る石山文子さん

開業時のレンガ積み橋脚が残る長門川橋梁（小林〜安食間）

〝黒いダイヤ〟の輸送路

JR香椎《かしい》線

明治政府により工業の近代化が推進されると、石炭は製鉄や発電、船舶や蒸気機関車の燃料として需要が大いに高まった。鉱山で採掘した石炭は鉄道で港へ運ばれ、船舶に積み替えて各地へと送られた。鉱山、鉄道、港湾の3つがセットで開発された香椎線の歴史を辿る。

昭和18年竣工の旧志免（しめ）鉱業所竪坑櫓（たてこうやぐら）。
地下430mの坑道へアクセスした

博多駅を通らない路線独特なルートの謎とは

福岡市付近の鉄道路線図を眺めると、各線とも市街の中心部、博多や天神から郊外を目指して敷かれているが、「我関せず」と言わんばかりのルートをとる路線がある。ＪＲ香椎線だ。福岡の中心駅、博多駅を通らない。

玄界灘と博多湾を区切る、海の中道《なかみち》の先端に位置し、博多湾に面した福岡市の西戸崎《さいとざき》が香椎線の起点駅。ここから砂州《さす》状の半島を通り、同市に隣接する粕屋町《かすやまち》、須恵町《すえまち》を経て宇美町《うみまち》の宇美駅までの25・４㎞を結んでいる。

香椎線の歴史は古く、民営の博多湾鉄道（通称・湾鉄）が明治37年（１９０４）１月に西戸崎〜須恵を開業、翌年12月に宇美まで全通した。

香椎線が通る福岡市の東に隣接する地域は、かつては糟屋《かすや》炭田と呼ばれる産炭地。湾鉄はヤマで採掘された石炭を西戸崎の港へ輸送する目的で敷設された。炭田と港を結ぶには、福岡市の中心部よりも東側にそれたルートが最短距離になる。

現在の香椎線が博多駅を通らない謎の理由はそこにあった。

鉱山の開発に合わせて貨物支線を延伸

九州北部で炭田といえば筑豊《ちくほう》が有名だが、糟屋炭田は旧日本海軍により開かれて以来、国営で操業されたのが大きな特徴だ。糟屋炭田の石炭は質がよく、軍艦の燃料に最適とされた。

海軍は糟屋炭田を明治22年（1889）の第一坑から、昭和10年の第八坑まで開坑した。第一坑から第四坑までは湾鉄沿線の新原《しんばる》付近にあったが、明治39年（1906）に開坑した第五坑以後は、沿線から東に離れた志免村《しめむら》（現・志免町）とその付近へ移った。

これを受けて湾鉄は途中駅の酒殿《さかど》から分岐し、第五坑のある志免へ向かう1・7㎞の貨物支線を明治42年（1909）8月に開通。

さらに大正2年（1913）、須恵町旅石《たびいし》に第六坑が開坑すると、2年後に旅石までの1・4㎞を延長開業した。これが後の香椎線旅石支線（通称）となる。開坑のたびの延伸は、鉄道が石炭の輸送手段としていかに重要だったかを物語っている。

また志免など国営の炭鉱に加え、民営炭鉱からの石炭を輸送する目的で、吉塚《よしづか》から筑前《ちくぜん》勝田《かった》を結ぶ筑前参宮鉄道も大正8年（1919）に開業した。

「参宮」の名の通り、宇美八幡宮への参拝客輸送も兼ねていた。筑前参宮鉄道は、後に国鉄勝田線となる。

昭和20年、第2次世界大戦の敗戦を受けて日本海軍は解体。海軍直営だった各炭鉱は同年12月に運輸省へ、昭和24年に日本国有鉄道が誕生すると国鉄へと引き継がれた。軍艦から蒸気機関車の燃料へ使用目的が変わっていった。

ところが昭和30年代になると経営が悪化する。

鉄道の電化、ディーゼル化も進み、将来的には石炭需要が減少すると見込んだ国鉄は、志免鉱業所の売却を検討。しかし、これが地元住民も巻き込んだ大規模な反対運動に発展してしまう。

国鉄は売却を諦め、規模を縮小しながら操業を続けるも、昭和39年7月に志免鉱業所は廃坑となった。

ベッドタウンの産業遺産から〝黒いダイヤ〟の道を辿る

香椎線の終点、宇美駅前からバスに乗り志免を訪ねた。福岡市のベッドタウンとして住宅が立ち並び、かつての炭田の面影は希薄だ。

そんななか、高台に立つ古びたコンクリートの構造物が異様な存在感を放っている。国の重要文化財にも指定されている志免鉱業所竪坑櫓《たてこうやぐら》だ。高さは47・６５ｍある。建屋内に巻上機を設置、垂直に掘られた深さ４３０ｍの竪坑のケージ（籠）を昇降させ、坑道へアクセスした。

竪坑櫓のある丘の下には、酒殿から志免を通り旅石までを結んだ旅石支線跡と勝田線跡が付かず離れず並んでいる。両線とも戦時中の一時期、西日本鉄道の傘下に入った後に国有化。昭和60年に廃線を迎えた。

このうち旅石支線と呼ばれた、貨物線の跡を酒殿まで辿ってみた。

田園のなかに築堤が延び、鉄橋跡には橋台が残る。背景にはボタ山が見え、〝黒いダイヤ〟こと石炭を運んだ鉄の道の姿が、おぼろげながら浮かび上がってきた。

次に酒殿から香椎線に乗り西戸崎へ。鹿児島本線と接続する香椎を出て、雁ノ巣《がんのす》を過ぎると車窓に砂丘が広がる。地盤の悪い砂地は建設にも難儀したという。リゾートムードが漂う海ノ中道駅を出ると、次は終着駅の西戸崎。広大な貯炭場を有した当時の面影も今はなく、跡地には巨大なマンションが立っていた。湾鉄は鉄道建設の前に西戸崎の築港に着手している。なぜ建設の難しい砂州の上に線路を引いてまで西戸崎に港を設けたのだろうか。

『博多湾鉄道創立線路覚書』には「福博《ふくはく》海岸は遠浅《とおあさ》にして大金を投ぜざる限り良港たるべからず（中略）港湾選定は水路部長肝付海軍中将に乞《こ》い、同氏は粕屋（糟屋）郡西戸崎は大船繋留《けいりゅう》に差支《さしつか》へなき良港たるを選択せられ（後略）」（福岡市史より）とある。大きな船が入れる地形ゆえに選ばれた結果だったのだ。海軍直営時代、石炭の多くは軍港・佐世保《させぼ》へと送られた。

西戸崎からは博多湾の対岸にドーム球場や高層タワーを眺めることができる。今日の繁栄の一端を支えた運炭鉄道の多くが廃止されて久しい。

砂丘を眺めて海の中道を行く香椎線の普通列車。湾鉄にとって一番の難工事区間だった。現在は写真のディーゼルカーに代わり、蓄電池電車が走る

車止めから望む終点の宇美駅

酒殿から志免、旅石方面に分岐した旅石支線の廃線跡。ボタ山を背に橋台の遺構を見る

旧志免鉱業所竪坑櫓が夕暮れの車窓をかすめた

昭和31年に西戸崎を撮影した航空写真。逆コの字型の建物右上の駅から海沿いに延びた線路と黒い貯炭場、船積みの設備が見て取れる（写真＝国土地理院）

西戸崎駅と海ノ中道駅の間で一瞬だけ車窓に博多湾が

福岡市営渡船乗り場から見る西戸崎港跡。貯炭場から石炭を積み出した時代の面影はない

鉄道用語解説 2

勾　配

鉄道線路の勾配を表す単位は、一般的に‰（パーミル・千分率）が用いられる。これは水平距離1000mに対する垂直方向（高さ）の距離を表す単位である。仮に線路が1000m進む間に高さが1m上がった場合、その勾配は1/1000で1‰、高さが30m上がったら30‰となる。

箱根登山鉄道は80‰で日本の普通鉄道で最も急勾配。平成９年９月に廃止された信越本線の横川～軽井沢間は66.7‰で、国有鉄道時代を含めてＪＲで最急勾配だった。

アプト式

山岳路線の特殊な鉄道としてラック式鉄道がある。2条のレールの間に歯形のレール（ラックレール）を上向きに並べ、車両床下に装備した歯車（ピニオン）を噛み合わせることで、急勾配区間で推進力や制動力を補助する方式だ。アプト式はこの一種で、ラックレールの歯の位置をずらしながら2列以上並べたもの。信越本線の横川～軽井沢間（66.7‰）に明治26年（1893）から昭和38年まで採用され、現在は大井川鐵道井川線アプトいちしろ～長島ダム間（90‰）で実用されている。

曲　線

鉄道線路の曲線は曲率半径＝Rで表される。曲率半径とは小さなカーブでも円弧に近似した場合の半径。数値が小さくなるほど急カーブに、逆に数値が大きくなるほど緩やかになる。直線からカーブに入る列車に対する衝撃を和らげるのを目的に、カーブの前後には曲線への変化を緩やかに繋ぐ緩和曲線が設けられている。

芳賀野《はがの》に敷かれた〝難産〟路線の歴史

真岡《もおか》鐵道

明治20年代、鉄道起業ブームが起こり、
私設鉄道の出願が相次いだ。
すんなり敷設された鉄道もあれば、
消滅した計画も数多い。
2度にわたる計画消滅を経た真岡鐵道。
その歴史を知れば、鉄路を守ろうとする
沿線の思いが伝わってくる。

北真岡～西田井間に架かる真岡鐵道五行川橋梁は明治27年竣工

常野鉄道が計画
敷設目前で会社が解散

蒸気機関車が牽引する「ＳＬもおか」が走ることで知られる真岡鐵道。ＪＲ水戸線の下館《しもだて》を起点に、真岡、益子《ましこ》を経て茂木《もてぎ》までの41・９㎞を結んでいる。昭和63年にＪＲ真岡線を引き継ぎ、現在は第三セクター鉄道として運営されている。そんな真岡鐵道の歴史をひもとけば、明治27年（１８９４）まで遡る。ときの逓信大臣・黒田清隆へ、常野《じょうや》鉄道が会社設立を出願したのが最初だった。

栃木県南東部の芳賀地方には、紙、タバコ、コンニャク、陶器、薪炭《しんたん》などの豊かな特産物があった。鉄道開業以前、それら特産物の輸送は、鬼怒川《きぬがわ》の舟運に頼っていた。明治20年代、幹線鉄道が全国へ延伸すると、鉄道の利便性が広く知られるようになり、芳賀地方にも舟運に代わる近代的な輸送機関として鉄道が必要と考えられるようになった。

常野鉄道は、水戸鉄道（現・ＪＲ水戸線）の川島駅（明治22年〈１８８９〉開業）を起点に定めた。川島駅は鬼怒川の舟運と鉄道を中継する集積場となっており、そこから、真岡、益子を経て烏山《からすやま》までを第一区線。烏山から馬頭（現・那珂川町）を経て茨城県の大子《だいご》までを第二区線として敷設計画を立てた。

　計画線沿いの町村にとっては、県都であり、すでに日本鉄道によって開業している宇都宮駅へ接続するのがより便利なはずだった。しかし、宇都宮との間に流れる鬼怒川に長大な橋梁を建設する必要があり費用がかさむ。このため、建設費がより安価な水戸線への接続が選択された。

　常野鉄道株式会社は明治30年（１８９７）４月に創業。翌年に本免状が下付され、明治32年（１８９９）９月に着工を迎えた。起工式は川島駅の予定地を整備し、沿線町村関係者約２５０名、数千人の見物客のもと盛大に挙行された。

　しかし、結果的に常野鉄道は路線を敷設・開業することができなかった。株主から集めた株金が、経営側の不手際で損害を受けたのに加え、在京の株主が株金を振り込まず、沿線の株主との間で紛糾する事態が発生した。その結果、工事が中断し、竣工期限に間に合わずに免許を失効してしまう。明治35年（１９０２）５月には会社が解散するに至った。

東野鉄道が引き継ぐも2度目の挫折

常野鉄道が頓挫して間もない明治36年（1903）4月、常野鉄道の重役であり清算人であった南茂平は、子爵・久松定弘を発起人代表として東野《とうや》鉄道（後年、西那須野～那須小川間に開業した東野鉄道とは別会社）を創立。水戸線の川島～真岡間で鉄道敷設仮免許申請書を提出する。軌間762㎜の軽便規格で、常野鉄道の事業を再興する格好となった。しかし、関係者の多くが常野鉄道に関わっていたため、地元では不信感が強く、株主になる者がなかなか現れなかったという。

その様子を伝えるものとして、『益子町史』（第六巻・通史編）に、当時の栃木県知事が東京府知事に宛てた「発起人の一件」という文書がある。

「（前略）曾《かつ》テ常野鉄道時代ニ於ケル同人（南茂平＝東野鉄道の発起人）ノ行動ヲ熟知セルヲ以《もっ》テ再ビ失敗ノ轍ヲ踏マンコトヲ恐レテ一人トシテ、東野会社ノ株式ニ応ズルモノナキ実況ニ有（後略）」。

常野鉄道での失敗がよほど尾を引いていたのだろう。

それでも東野鉄道は明治40年（1907）5月に本免許状を取得する。また真岡から先、益子、市羽《いちはね》を経て小貝《こかい》（ともに現・市貝町《いちかいまち》）に至る路線と、市羽から分岐して茂木に至る路線。加えて市羽から宝積寺《ほうしゃくじ》まで延長する路線の仮免許を申請している。

ところが、本免許状を受けたものの、日露戦争後の経済不況で資金難に陥り、事業の実施が困難になる。加えて、その年の11月に、茨城県結城《ゆうき》町（現・結城市）に大本営を設置して行われた陸軍大演習の際、建設予定ルート上に天皇の行在所《あんざいしょ》が置かれたことで区間変更を余儀なくされた。

不運が重なり竣工が遅れた結果、明治43年（1910）6月には免許を失効。計画は再び白紙となった。

真岡軽便線が悲願達成
官設により敷設・開業

民間会社による2度の鉄道敷設計画は不発に終わったが、結果的に望みをつないだのが、明治政府が発布した軽便鉄道法だった。

この法律は民間資本による地方鉄道の拡充を促進するのが狙いだったが、官設路線にも適用された。真岡軽便線は内閣鉄道院が敷設する最初の路線の一つに選ばれた。軽便線といっても、官設の路線では、幹線と同じ軌間1067㎜を採用。水戸線との接続駅は、行在所が置かれた川島駅から下館駅に変更され、最初に真岡を経て七井《なない》までの区間が計画された。明治44年（1911）年5月、下館から真岡の測量を実施、10月には着工した。『真岡市史』（第八巻）には、「汽車がいよいよできますなあ！という言葉が真岡町民のあいさつがわりになった」と記され、住民の期待感がうかがえる。明治45年（1912）4月、下館〜真岡間が開業した。

真岡から先、七井までの延長路線は、明治44年7月に測量が開始され、12月着工される。途中の五行川、小貝川の橋梁工事で難航するも、大正2年（1913）7月に開業を迎えた。益子焼で知られる益子では、かつて鬼怒川の舟運で、また水戸線開通後は最寄りの岩瀬駅から鉄道で陶器の輸送を行っていた。真岡軽便線の開業で地元からの積み込みが可能となり、出荷量を大幅に増やすことができた。

この時期を代表する益子焼に「汽車土瓶」がある。駅弁と一緒に売られたお茶を入れる土瓶である。鉄道が各地へ延伸するなか、主に東日本の主要駅で販売されヒット商品となった。この汽車土瓶も真岡軽便線の列車で輸送されたことだろう。

真岡軽便線が七井駅まで延伸されたあと、その先の延伸をめぐり議論となった。北上して市塙《いちはな》から烏山を目指す案も考えられたが、それではルートから外れてしまう茂木で熱烈な誘致運動を展開。その結果、市塙から天矢場《てんやば》を通って茂木に至る現在のルートに決定し、大正９年（１９２０）12月に茂木まで全通した。

戦時体制で延伸中断
今も山中に眠る未成線跡

常野鉄道時代から、烏山や大子方面へ結ぶ路線の計画があったように、全通後も延伸計画は消えることがなかった。

明治政府は明治25年（１８９２）に公布した鉄道敷設法を大正11年（１９２２）に改正。旧法で定めた主要路線がほぼ完成したためで、改正では地方の予定線を定め、鉄道網のさらなる拡充が図られたものだ。

このなかには真岡線に接続する路線もあった。「茨城県水戸ヨリ阿野沢《あのさわ》（現・茨城県城里町《しろさとまち》）ヲ経テ東野附近ニ至ル鉄道及《および》阿野沢ヨリ分岐シテ栃木県茂木ニ至ル鉄道」はその一つ。このうち茂木から長倉宿《ながくらじゅく》（現・常陸《ひたち》大宮市長倉）までの区間が長倉線として昭和12年に着工され、河井（現・茂木町河井）までの路盤工事が完了している。昭和15年には一部でレールの敷設まで行われたが、戦時体制に入り、鉄であるレールを供出し、未成線のまま放置されている。

茂木から北へ、未成線の跡を辿ってみた。途中、中郷と後郷集落の間に低い峠越えがあり、開通していれば沿線唯一となったトンネルが口を開けていた。一度も使われなかった無名のトンネルや路盤は、今も芳賀の山中にひっそりと眠っている。

益子焼の店が所有する益子駅前の大谷石の蔵。窯元の多くは駅から遠い

茂木駅付近の未成線跡は遊歩道に整備されている

茂木駅の北にある、開通すれば真岡鐵道唯一となったトンネルの坑口

立派な築堤に一度も列車が通ることはなかった

未成線沿いに立つ国有鉄道を示す「工」マークの敷地境界標

近鉄天理線

聖地に向かって延びた鉄路

天理教教会本部がある天理市には、参拝に訪れる信徒が絶えない。ＪＲ桜井線とともに参拝輸送にも利用される近鉄天理線は、大阪方面からの近道として敷設された天理軽便鉄道をルーツとする。橿原《かしはら》線によって分断された、天理軽便鉄道の歴史を辿った。

天理軽便鉄道の平端（ひらはた）から西側は廃止されたが、法隆寺駅付近の木戸池には廃線跡が残る

幕末に誕生した新宗教
天理教が市名の由来に

奈良県北部に位置する天理市は、宗教団体の名を冠した日本で唯一の市である。

江戸時代末期の天保9年（1838）、教祖の中山みきが開いた天理教は、すべての人々が助け合って仲よく暮らす「陽気ぐらし」世界の実現を目指すのが教えなのだという。

明治8年（1875）、教祖は親神《おやがみ》・天理王命《てんりおうのみこと》よりお告げを受け、天理市三島町（当時は山辺郡庄屋敷村）にある地点を人類発祥の場所「ぢば」であると明らかにした。この「ぢば」を中心に神殿、礼拝場、教祖殿などが建てられ、今も信徒たちの拠点となっている。

平成29年版『宗教年鑑』によれば、天理教の信徒数は約120万人。大きな行事の際には、日本各地から多数の信徒が天理へ参拝に来る。通称「天理臨」と呼ばれる団体専用列車が仕立てられ、各地と天理を結んで運転されてきた。

ＪＲの団体列車は減少したものの、近鉄天理線には、現在も参拝客向けの団体臨時列車がある。

大阪方面から短絡する天理軽便鉄道が開業

宗教都市・天理市の玄関口となる天理駅は、ＪＲ桜井線と近鉄天理線が同居している。このうち近鉄天理線は橿原線の平端《ひらはた》から分岐し、天理までを結ぶ約４・５㎞の路線だ。そのルーツは、現在のＪＲ関西本線（大和路線）法隆寺駅前から天理を結んで敷設された約９㎞の天理軽便鉄道にある。

明治政府が地方の鉄道建設促進を目的に、明治43年（１９１０）に軽便鉄道法を施行。明治44年（１９１１）には、開業から5年間、建設費の５％の利益を政府が保証する軽便鉄道補助法が公布され、日本各地に軽便鉄道敷設ブームが巻き起こった。天理軽便鉄道もその制度を活用してできた路線の一つ。参詣する天理教信徒の利用を目論んで、天理軽便鉄道株式会社が設立された。

この頃の天理教は、本部神殿や教祖殿など主要施設の整備に取り組み始めた「大正普請」と呼ばれる時期で、地域外と天理との間で人々の往来が増していた。

明治31年（１８９８）には、民営の奈良鉄道により現在のＪＲ桜井線の丹波市《たんばいち》駅（現・

天理駅）が開業。翌年の明治32年（1899）には桜井線が全通し、奈良、高田双方から天理へ、鉄道利用が可能になっていた。

しかし大阪方面からはいずれも遠回りになるため、法隆寺駅で下車し、徒歩で東へ進んで丹波市町を目指す乗客も多かったという。

そこで法隆寺と丹波市を短絡する軽便鉄道敷設計画が浮上、明治45年（1912）1月に免状が下付された。

敷設の意図を記した「天理軽便鉄道敷設ノ趣意書」によれば、「近年著《いちじる》シク発展シタル天理教会本部ハ其《その》信徒五百四十余萬人ヲ有シ其参拝者年々五十萬人ヲ降《くだ》ラントスル（中略）殊《こと》ニ大阪方面ヨリ天理教本部所在地三島ニ詣ラスモノノ為《た》メニハ本鉄道ニ依《よ》ルトキハ法隆寺ヨリ一直線ニシテ奈良迂回線ニ較《くら》ベ約八哩《り》ヲ減縮スルヲ以《もっ》テ（後略）」とある。

天理教の信徒数は明治時代末期から大正時代にかけて右肩上がりに増えており、その勢いが鉄道建設への後押しになったのは間違いないだろう。

大正2年（1913）5月に工事認可が下り、同年12月に着工。ほぼ1年後の大正4年（1915）1月に竣工して2月7日に開業した。

終着駅となる丹波市側の駅名は天理となった。

畝傍線により東西分断
天理線のみが現存

天理軽便鉄道は線路幅762㎜の狭軌で敷設。7時から21時まで一日15往復運転された。天理教大祭などの多客期には客車を増結、賄いきれない場合には、貨車にむしろを敷いて対応したという。

それでも開業後から、天理軽便鉄道の経営は厳しいのが実情だった。路線が短いうえ、平時の需要が予想以上に少なかったことが経営不振の原因だったようだ。

そのような状況下、近畿日本鉄道の前身である大阪電気軌道が、西大寺から橿原神宮前に至る畝傍《うねび》線（現・橿原線）を計画。途中で天理軽便鉄道を分断するため、与える影響が懸念された。

これに対して政府は、免状下付の条件に天理軽便鉄道の買収を求め、大阪電気軌道がこれに応じた。

苦しい経営のなか、軽便鉄道補助法による5年間の補助が切れる頃であったため、天理軽便鉄道にとっては渡りに舟。開業から6年にも満たない大正9年（1920）12月をもって天理軽便鉄道は解散、翌年の1月1日より、大阪電気軌道の路線となった。

大阪電気軌道は大正11年（1922）、畝傍線との交差地点に平端駅を設置。この駅から天理までの東側の区間を天理線とし、軌間を1435㎜に改めて電化する。これで畝傍線との直通運転が可能となった。昭和初期の合併により、大阪電気軌道は近畿日本鉄道となり、昭和63年、全線の複線化を経て現在に至っている。

残る西側の新法隆寺〜平端間は法隆寺線とし、軽便線のまま営業が続けられたが業績が振るわなかった。第2次世界大戦の戦火が増した昭和20年2月、不要不急の路線として営業休止。戦後も復活することなく、そのまま廃止された。天理教の聖地である天理へのアクセスの可否が、明暗を分ける結果となった。

JR大和路線の法隆寺駅で列車を降りて、そんな軽便線の跡を辿ってみた。

駅の南口を出て住宅地を抜けると、線路跡が田んぼのなかを横断。一部は畑に利用されていた。廃線跡の細道は、その先も富雄《とみお》川で一旦途切れる。やや回り道して対岸に抜けると、木戸池という名のため池に築堤跡が続いていた。水に浮かんだようなその遺構は、幻のようにも見えた。

そのまま線路は安堵町《あんどちょう》の住宅地へ紛れてしまう。地図を頼りに辿ってゆくと、安堵町歴史民俗資料館があった。館内には、先ほど訪ねた木戸池付近で発見されたという勾配標識や、気動車の模型など、軽便線の展示も充実している。

平端は橿原線との分岐駅。近鉄京都線への直通列車も運行している

天理教の祭事に運転される団体・臨時列車利用客用の団体待合室が、近鉄、JRともに設置されている

JR天理駅の柱には天理教の信徒を迎える「ようこそおかえり」のメッセージが

近鉄天理駅を発着する電車は1時間あたり3〜5本ほどだが、4面3線のホームで臨時列車に対応する

木戸池に残る築堤跡

天理市内では天理教のハッピを着た信徒をしばしば見かける

安堵町歴史民俗資料館に展示されていた木戸池付近で発見された勾配標識

安堵町歴史民俗資料館には天理軽便鉄道が採用した、自動車用ガソリンエンジンを流用した軽便規格の気動車の模型を展示

開拓の魂が開通させた

JR石北《せきほく》本線

明治維新の後、蝦夷地《えぞち》から呼び名を変えた北海道。
国策による国防と開拓のため、
道路や鉄道の建設が進められた。
そんな経緯のもと、
別々の目的で造られた3路線を編入し、
一本になっているJR石北本線。
過酷な工事を伴い開通した
常紋《じょうもん》トンネルを中心に、その歴史を辿る。

カーブを繰り返して急勾配の常紋峠をゆっくりと進む普通列車

石北本線の難所
常紋峠越え

札幌、旭川方面から網走《あばしり》へ向かう、特急「オホーツク」や「大雪《たいせつ》」に乗ると、遠軽《えんがる》駅到着前に「遠軽から進む方向が変わります。引き続きご利用されるお客様は、座席の向きを変えてご利用ください」の車内アナウンスが入る。

スイッチバック構造の遠軽駅で数分間の停車後に出発。次に停車する生田原《いくたはら》を出ると、鬱蒼と木々が茂る山間へ入る。列車のスピードは目に見えて落ち、床下ではエンジンがうなりをあげる。

ここは原生林を拓いて建設された、石北本線屈指の難所・常紋峠。急勾配と急カーブの連続する線形が列車の運転士を苦しめてきた。長い坂道を上ると、標高約345mに穿《うが》った、長さ507mの常紋トンネルに吸い込まれた。

常紋峠を越えるのは、旅客列車のみではない。石北本線には、北見地方で収穫された主にタマネギを輸送する貨物列車が冬期間のみ運行されている。11両のコンテナ貨車を牽引するディーゼル機関車は、遠軽駅での方向転換のため、列車の前後1両ずつの計2両が用いられる。農産物を満載した貨物列車は、現在もその坂にあえぎながら峠を越えている。

開拓に不可欠とされた北海道の鉄道建設

明治25年（1892）6月、明治政府は国が建設すべき鉄道路線を示した鉄道敷設法を制定するが、これに北海道は含まれていなかった。開拓に鉄道の敷設が必要とされた北海道では、本州とは別に北海道鉄道敷設法が明治29年（1896）5月に公布された。北海道鉄道敷設法のなかには「天塩国《てしおのくに》奈与呂《なよろ》（名寄）ヨリ北見国《きたみのくに》網走ニ至ル鉄道」の計画が記載されている。

釧路線（現・根室本線）の池田から陸別を経て野付牛《のっけうし》（現・北見）、網走へ達する網走線（後の池北《ちほく》線と石北本線の一部）がすでに着工されており（大正元年〈1912〉開通）、この路線に接続する形で名寄を結べば、オホーツク地方と道央間の大幅な時間短縮となることは明白だった。

有用性の高いこの路線の建設計画をめぐり、網走から常呂《ところ》などのオホーツク海沿いを経由する「海岸線」と、北見から留辺蘂《るべしべ》、遠軽、湧別《ゆうべつ》を経由する「山手線」の2派に分かれた激しい誘致合戦が生じることとなった。

人跡未踏の山間で調査隊が遭難寸前に

当時鉄道を管轄した鉄道院では、海岸線と山手線の2案を比較検討するため、技師を現地調査に向かわせた。

地元住民も含め約30名の調査隊は、明治42年（1909）8月14日に常紋峠に入った。その様子が『生田原村史』に記されている。

「（前略）十四日早朝温根湯《おんねゆ》を出発三十人程の乗馬隊を組織ポンムカの沢に入りたるに老樹うつ蒼たる密林昼尚暗く、川を辿り駒を進めたが予定の常紋郡境に達する能《あた》わず是正《これまさ》に沢違ひをなし最も悪条件の渓谷に突入し日は没し濃霧亦《また》四辺をとざし鬼気真《ききまこと》に人に迫るの観を呈《てい》し、山に、沢に、大笹に風倒木の重なり合った山中に於いて（中略）食料行李《こうり》搬入の方法に窮し、三十有余《ゆうよ》の人馬空腹を訴え、身には真夜《まよ》の寒冷を感じた、（中略）予《かね》て準備の糧秣《りょうまつ》に手を延ばし夜中午前二時過ぎに至り辛うじて夕食を喫した（後略）」と、遭難寸前の様子だ。

歓待の態勢で待ち受けていた生田原では、遅い到着にしびれを切らせた者が馬を出した。１時間半ほど沢を遡り、空砲を撃ってようやく一行と出会うことができた。調査隊一行が生田原に着いたのは、翌15日の11時頃だったという。

常紋越えの調査結果から、山手線が海岸線に比べ難工事であるとの報告がなされた。しかし報告を受けた山手線側の住民はこれに反発。有志による独自調査を行い、また明治43年（１９１０）の再調査の際には、ルートの刈り払いをするなど、より強力な誘致運動を展開した。

その結果もあり、明治44年（１９１１）の第27帝国議会で、山手線ルートに軍配が上がった。「山手線必ずしも至難ならずとの判定を得、有利に転換した」（『新生田原町史』より）。路線名は湧別軽便線で、区間は北見から留辺蘂、遠軽を経由し下湧別まで。このうち、日露戦争後の財政緊縮の影響で、留辺蘂～社名淵《さなふち》（後の名寄本線開盛《かいせい》、平成元年廃止）間は、建設費の安い線路幅７６２㎜という規格での建設となった。

一方、争奪戦に敗れた海岸線ルートにも鉄道が敷かれた。ただし建設が遅れ、湧網《ゆうもう》線として着工されたのは昭和に入ってから。さらに第２次世界大戦で一時中断され、網走～中湧別間が全通したのは昭和28年になってからだった。湧網線は昭和55年に制定された国鉄再建法により、いわゆる赤字ローカル線とされた第2次特定地方交通線に指定。赤字減少を目的に昭和62年、廃止された。

多数の犠牲者を出した常紋峠の建設現場

湧別軽便線のなかでも、特に常紋トンネル建設については特筆すべきだろう。大正元年に着工し、完成まで3年を要した難工事だった。また、劣悪な労働環境のもとで建設されたことでも知られている。

明治時代初期、北海道では受刑者による道路建設があったが、ここで就労したのは主に本州方面から周旋屋《しゅうせんや》（雇用の紹介・斡旋《あっせん》を生業《なりわい》とする者）の甘言に騙されて連れて来られた一般の人々だった。

「人里離れた拘禁状態の現場では、請負業者の監視のもと、粗食、重労働、リンチにより、一説では百数十人が犠牲になったといわれています」と説明してくれたのは、常紋トンネル建設工事の犠牲者について、長く調査を行ってきた留辺蘂在住の中川功さん。厳しい労働に耐えきれず、逃亡を企てた者は発見されると連れ戻され、見せしめに激しい暴行を受け、命を落とす者もあったという。遺体は周辺に穴を掘って埋められた。

昭和45年に地震で損傷したトンネル内の待避所を拡幅しようと壁を壊したところ、レンガ壁後ろの玉石の中から立ったままの人骨が見つかった。

これは人柱ではなく、逃亡に失敗した労働者が見せしめとして埋められたのだろうと、中川さんは推測する。常紋トンネルの周囲では、昭和49年から遺骨発掘調査が行われ、中川さんはこの調査に関わってきた。「小学生から80歳くらいまで、毎回約80名が参加し、これまで10体の遺骨が発掘されました」と中川さん。多くの工事犠牲者を伴った常紋トンネル。列車で通過するときには心の中で手を合わせなくてはと思った。

常紋トンネル完成後の大正4年（1915）、湧別軽便線は社名淵まで開通。翌年には762㎜から1067㎜へ改軌され、社名淵～下湧別間が全通した。大正10年（1921）には、いよいよ下湧別から紋別を経由し名寄を結ぶ名寄線が全通。網走～札幌間で23時間を要したものが13時間と大幅に短縮した。

続いて、旭川から遠軽までダイレクトに結ぶ路線の建設が熱望された。別名、旭遠線《きょくえん》とも呼ばれた石北線は昭和7年になってようやく開通。

現在の石北本線は旭川～遠軽の「石北線」、遠軽～北見の「湧別線」、北見～網走の「網走線」という、計画の経緯や建設時期がまったく違った路線が合わさったものだ。特急列車が遠軽でスイッチバックするのは、遠軽を境に、もともと別の路線だった名残である。

大正2年（1913）7月に撮られた線路敷設前の生田原側坑口
（中川功さん所蔵）

昭和55年建立の常紋トンネル工事殉難者追悼碑。休めるようにと像の青年はツルハシを下ろした姿に

常紋トンネルの遺骨発掘や
追悼碑建立にも尽力した中川功さん

スイッチバックの遠軽駅。手前は旭川方面へ、奥は網走方面へ続く

名寄本線関係の資料を展示する遠軽町郷土館

"東海道"から外れた危機が
誕生のきっかけに

箱根登山鉄道

日本で唯一、登山鉄道を社名に冠したこの路線は、
小田原から箱根の各温泉場への
アクセス手段として、四季を通じて
多くの温泉客を運びにぎわっている。
アプト式などの特殊な装備を用いない
普通鉄道としては日本最急勾配の箱根山を行く、
登山鉄道の歴史を辿った。

普通鉄道では日本一の急勾配80‰（パーミル）を下って
宮ノ下駅へ入線する

馬車鉄道からスタートした通称・平坦線の生い立ち

年間約2000万人が訪れる、日本を代表する観光地・箱根。山間に20種の泉質をもつ温泉場がある。

湯の香漂う箱根の玄関口となるのが箱根湯本だ。新宿駅から小田急ロマンスカーが発着し、多くの観光客が乗降する箱根湯本駅。ここからは箱根登山鉄道の登山電車が、山腹の強羅《ごうら》駅まで運んでくれる。

ロマンスカーが乗り入れているため、小田原〜箱根湯本間は小田急線の区間のように思ってしまうが、小田原〜箱根湯本〜強羅間は箱根登山鉄道の線路だ。箱根登山鉄道では、小田原〜箱根湯本間を「平坦線」、箱根湯本〜強羅間を「登山線」と呼び分けている。

平坦線は明治21年（1888）2月、前身となる小田原馬車鉄道が、東海道本線の国府《こう》津《づ》駅から小田原を経て箱根湯本まで開業したのが始まり。なぜ起点が小田原ではなく国府津だったのか。その理由は東海道本線が箱根の山を避けるように、国府津から御殿場《ごてんば》を経て沼津へ至る、現在の御殿場線のルートで計画されたためだ。

これに焦りを感じたのが、東海道の宿場町として栄えた小田原や、温泉地、箱根の有力者たち。政府に路線誘致の要望書を提出したが却下された。

このままでは地域が立ち遅れると有志が結束し、国府津駅を起点に箱根湯本までの馬車鉄道を創業したのだ。

箱根の温泉には、明治に入ると外国人も訪れるようになっていた。小田原馬車鉄道は温泉へ向かう国内外の観光客を運ぶ手段として大いに利用された。

馬車鉄道から電気鉄道へ輸送力が大幅に増大

開業から2年後の明治23年（1890）6月、小田原馬車鉄道の社長と取締役は、東京・上野で開催された第3回内国勧業博覧会を視察。展示されたアメリカ製の電車に衝撃を受けた。

その頃、馬の飼料代が高騰しており、ただちに馬車から電車へ変更したかったが、許認可に時間を要した。明治29年（1896）10月に小田原電気鉄道と社名を変更する。電化工事と線路改良に取り組み、明治33年（1900）3月には国府津〜箱根湯本間の電車化が完了。輸送力が大幅に向上した。

社名変更と同時期に資本金を増額して、水力発電所を建設。この電力は電車運行のほか、電灯事業や工場への売電もされ、沿線の町に電気の明かりをもたらした。

すると、箱根湯本から奥の温泉村（現・箱根町の一部）の人々が、電車化により便利になったふもとの様子を目の当たりにし、鉄道の必要性を訴えるようになった。湯本までの電車化から2カ月後の5月、鉄道延伸の要望書が温泉村から小田原電気鉄道へ提出された。

急勾配に急カーブの連続 日本唯一の登山鉄道が開業

箱根湯本から先への延伸が、現実味を帯びて動き出したのは、明治40年（1907）になってから。スイスの登山鉄道を視察してきた者からの進言があり、これを中央の名士らが話題にしたのがきっかけとされる。

名士らは国の発展のため、湯本から先の箱根山に電気鉄道を延伸し、外国からの観光客を誘致するのにちょうどいい時期だとして後押しした。

これを受けて小田原電気鉄道は実地調査に入り、その結果いくつかのルート案が示された。

最有力とされたのが距離の短い125‰《パーミル》（水平に1㎞進むと垂直に125mの高度差）の勾配案で、これを克服するため、信越本線横川～軽井沢間の碓氷《うすい》峠に採用されたアプト式を用いることが検討された。アプト式とは、レールの間に歯形のついたレールを上向きに複数本並べ、車体に装備した歯車を噛み合わせて進む方式だ。

しかし碓氷峠でさえ66・7‰なのに、それを上回る急勾配でも安全なのか、ほかの手段はないのか、検討のため半田貢主任技師が欧州へと派遣された。

半田は明治43年（1910）に全線開通したばかりのスイスのベルニナ線が箱根に条件が近いと調査報告を送った。ベルニナ線は数々の急カーブやトンネル、橋梁で難所を克服した普通鉄道だった。この報告を受け検討した結果、アプト式をやめ、勾配を80‰に抑えた普通鉄道でのルートが採用された。それでも80‰はかなりの急勾配で、四重のブレーキなどで安全対策をとる。

さらに「箱根の自然景観を壊さない」という条件にこたえ、温泉の水脈に干渉するのも避けた。トンネルのルートを変更し、半径30mの急カーブで山襞を縫うように線路が敷かれた区間もある。

線路幅は1435㎜。当時はこれより狭い軌間では、急勾配を登る高出力のモーターが装備できない、最小限のサイズだった。

大正元年（1912）、箱根湯本～強羅間の起工式が行われるも、ルート変更や第一次世界大戦の影響もあり、実際に着工したのは大正5年（1916）になってからだった。

登山線の工事のなかでも、早川橋梁、通称「出山の鉄橋」は最大の難工事だった。長さ60・65m、川面からの高さ43mで、架橋に際し木材で櫓《やぐら》を組んで足場にした。第1次世界大戦の影響で鋼材の輸入が途絶えていたことから、トラス（骨組み）は東海道本線天竜川に明治21年に架けられ、その後の架け替えによって不要となった中古を再利用している。出山の鉄橋は大正6年（1917）5月に竣工。登山線は大正8年（1919）6月に全線開業した。

電力会社へ経営が移るも独立箱根登山鉄道が誕生

大正12年（1923）9月1日に発生した関東大震災により、建物の倒壊、損失、軌道の破損など小田原電気鉄道は壊滅的な被害を受ける。翌年から復旧に取り組むも、資金難となり、経営が危ぶまれるようになった。

これに着目したのが、日本電力という関西の電力会社。

昭和3年1月、小田原電気鉄道は日本電力に吸収合併され、同社の小田原営業所となった。しかし、日本電力の真の目的は電力事業のみを入手すること。わずか7カ月後の8月に箱根登山鉄道を創立し、電力事業以外の部門を経営分離した。

箱根登山鉄道は昭和10年、箱根板橋〜箱根湯本間の軌道線を廃止し、早川左岸に新たに鉄道線を敷設して開業。今日の小田原〜強羅間の路線を全通させた。

日中戦争が勃発し、戦時体制色が濃くなってきた昭和13年8月、陸上交通事業調整法が施行され、小田急電鉄、京浜電気鉄道、京王電気軌道などを合併した、東京急行電鉄（大東急）が誕生する。箱根登山鉄道も昭和17年にその傘下となるが、戦後の昭和23年には分離。その後は小田急電鉄の傘下となり、昭和25年8月より、小田急列車の箱根湯本乗り入れが開始されている。

開業から100年の間、自然豊かな車窓風景が多くの観光客を魅了してきたが、その自然の近さゆえに、幾度かの災害にも悩まされてきた。

昭和23年9月のアイオン台風による記録的な豪雨で、2本の橋梁が流されるなど大規模な被害を受けたほか、近年では令和元年10月、日本各地に爪痕を残した台風19号で被災した。宮ノ下～小涌谷《こわくだに》間では、約１００ｍにわたって斜面が崩落、蛇骨陸橋が流出してしまった。令和2年秋の運転再開を目指し、今も復旧作業が進められている。

宮ノ下～小涌谷間では線路脇に温泉のパイプが通る

急カーブをスムーズに通るため散水する特殊装備も搭載。給水作業が行われていた

紅葉の出山の鉄橋を渡る

小田原電気鉄道が建設した三枚橋水力発電所は東京電力ホールディングスの所有で現存

強羅駅にはベルニナ線のあるスイス・レーティッシュ鉄道から贈られた友好のカウベルが

早川に架けられた前田橋は馬車鉄道や電車が渡ったが水害で流出。のちに廃止された
写真＝箱根町立郷土資料館

上田電鉄

上田・小県《ちいさがた》鉄道網最後の一路線

明治時代末、日本各地に幹線鉄道が拡充するなか、幹線から外れた町では地元有力者らによるわが町への鉄道誘致運動が起こった。長野県東部の上田・小県では、周囲の町を結び、総延長50㎞を越える鉄道網が敷かれていた。そのなかで唯一残った、別所線を訪ねた。

大正時代から昭和初期の面影を今に伝える別所温泉駅舎

〝温電〟の名で親しまれた上田温泉電軌が敷設

信州最古の湯といわれる別所温泉。その歴史は古く、『古事記』や『日本書紀』に登場する日本武尊《やまとたけるのみこと》により発見されたという伝説をもつ。

そんな別所温泉と、戦国武将・真田《さなだ》氏の城下町上田を結ぶ11・6㎞の路線が上田電鉄別所線だ。別所線は大正9年（1920）に創業した上田温泉軌道が建設し、翌10年6月に開業した。工事期間中に上田温泉電軌に社名を変更し、略称の〝温電〟の呼び名で長く親しまれた。

開業時には千曲川《ちくまがわ》に架《か》かる鉄橋が未完成で、鉄道省の信越線（現・しなの鉄道）上田駅に接続しておらず、川の西岸の城下《しろした》付近（当時は三好町）を起点とした。道路を走る路面電車スタイルで、現在の国道143号を通る青木までが本線の青木線、上田原から別所温泉までは支線の川西線（後の別所線）だった。青木線の終点・青木の先には、沓掛《くつかけ》温泉、田沢温泉が存在し、川西線の終点には別所温泉がある。温泉電軌の社名が表すように、湯治客の輸送も見込んだ路線だった。

のちに東京急行電鉄を創業する五島慶太《ごとう》は、現・青木村の出身。温電創業前夜、五島は鉄道院に在職しており、許認可や工事に際して支援したという。

2社が別々に鉄道を敷設した上田〜丸子町

青木・川西線の開業から3年後の大正13年（1924）、千曲川橋梁が完成。温電は信越線上田駅に接続して乗客が急速に増加した。

さらに川西線の下之郷《しものごう》から南へ分岐し、上田の南東に位置する丸子町《まるこまち》（現・上田市）を結ぶ依田窪《よだくぼ》線（後の西丸子線）を計画。大正15年（1926）には下之郷〜西丸子間8・6㎞を開業させた。温電が目指した丸子町は生糸《きいと》の生産で栄えた町。明治20年代から製糸工場が進出、操業していた。

明治26年（1893）、信越線の難所であった碓氷《うすい》峠越えの区間がついに完成し、上野〜直江津間が全通する。信越線は群馬や埼玉など、関東で生産された繭《まゆ》を、生糸産業の最先端地だった諏訪地方へ輸送するのにも利用された。当初は田中が中継駅となり、荷車に積み替えられた繭は中山道《なかせんどう》の和田峠を越えて諏訪地方へ運ばれた。

明治29年（1896）、田中駅の隣に大屋駅が開業すると、中継駅はここに移る。田中と大屋から和田峠に向かう絹の道の途上にあった丸子地区に製糸産業が栄えたのは自然な流れで、鉄道建設の機運が高まったのも当然だった。

丸子町の製糸業は大正時代に最盛期を迎え、大いに栄えた。まだ温電もできる前、明治45年（1912）には丸子地区で製糸業の中核を担った依田《よだ》社《しゃ》を中心に鉄道建設が計画され、大屋〜丸子間の鉄道敷設を政府に申請している。大正2年（1913）に認可を受け、3年後に丸子鉄道株式会社を創立、さらに2年後の大正7年（1918）11月には大屋〜丸子町間を結ぶ、後の丸子線を開業させた。大正14年（1925）には、大屋から上田へ直結する路線（大屋〜上田東）も延伸開業。幹線鉄道が日本全土に拡充していったこの時代、幹線から外れた市町村では、地元の名士や資産家が中心となり、地域鉄道の建設が計画されたが、ここ上田でも、上田と丸子を結ぶ地域鉄道2社の路線が開業したことになる。

地域鉄道ネットワークを形成するも、貨物輸送は頭打ちに

千曲川左岸、上田の南東部で温電と丸子鉄道による鉄道建設が進むなか、右岸北東部の地域から、温電に対して鉄道建設を求める要望が出された。

大正14年に上田〜真田間と途中の本原で分岐して傍陽《そえひ》までの北東線（後に菅平《すがだいら》鹿沢《かざわ》線を経て真田傍陽線）が認可を受けた。

上田市内のルート選定で地元と温電が対峙する一幕もあったが、地元が資金を負担するという条件で合意し、北東線は上田方から徐々に開通。昭和3年5月、本原〜真田間が完成して全線15・9kmが全通した。開業後は高原野菜の輸送や菅平高原へのスキー客でにぎわった。

こうして昭和初期には温電と丸子鉄道によって上田・小県に5路線、総延長57・2kmにおよぶ地域鉄道のネットワークが形成された。

昭和18年、戦時下に実施された交通事業者の統合で、上田温泉電軌から改称した上田電鉄（旧）と丸子鉄道が合併し、上田丸子電鉄となった。

戦後はモータリゼーションの影響を受け、各路線ともに赤字が拡大。東急グループ会長を務めていた五島慶太に経営再建を依頼し、東急グループの傘下に入るも改善されず、昭和13年に廃止されていた青木線に続き、昭和38年に西丸子線が、昭和44年に丸子線が、昭和47年に真田傍陽線が廃止となる。そして、貨物輸送の影響が比較的少なかった別所線だけが残った。

上田丸子電鉄は昭和44年に社名を上田交通に改称、昭和48年には輸送人員の減少を理由に別所線も廃止が提案されたが、沿線住民の反対運動により免れた。

上田交通と上田市は運行協定を締結、県や国からも公的支援を受けることが決定し、平成17年には新しい上田電鉄としてスタート。住民による支援団体も数多く結成され、自治体、住民、鉄道事業者の連携がとられている。

令和元年10月、台風19号による千曲川の増水で、城下側の堤防の一部が削られ、上田〜城下間に架かる千曲川橋梁のトラス1スパンが落下してしまう。現在はバスによる代行輸送が行われているが、上田市はこれを市有化し修復、令和3年の春頃、運転再開を目指している。

洋風な外観の別所温泉駅舎

西丸子線が分岐した下之郷駅。西丸子線の電車が発着したホームと待合室が資料館として活用されている

西丸子線跡に残る馬場駅のホームと待合室。昭和38年に廃止

昭和44年に廃止された丸子線の丸子町駅跡は現在、バスの停留所になっている。標識には今も丸子駅、丸子駅前の表記が見られる

昭和47年廃止となった真田傍陽線の公園前駅（写真＝上田電鉄）

自然の断崖を利用して築城された上田城

現在の公園前駅跡。線路は上田城の堀跡を使っていたことがわかる

千曲川の増水のため、鉄橋の一部が崩落した。再建が待たれる（平成30年撮影）

鉄道敷設についての主な法律・条例

国策で幹線を敷設した鉄道草創期、地方鉄道が敷設された時代、戦時体制下、そして戦後から現在に至るまで、各時代に制定された鉄道に関する主な法規を一覧にしてみた。鉄道誕生の契機となった法律や条例もある。

名称	公布	廃止	引き継ぎ
私設鉄道条例	明治20年5月18日	明治33年3月16日	私設鉄道法
	民営鉄道の敷設、運営に関し規定した条例		
鉄道敷設法	明治25年6月21日	大正11年4月11日	改正鉄道敷設法
	国が建設すべき鉄道路線を定めた法律		
北海道鉄道敷設法	明治29年5月14日	大正11年4月11日	改正鉄道敷設法
	北海道で国が建設すべき鉄道路線を定めた法律		
私設鉄道法	明治33年3月16日	大正8年8月15日	地方鉄道法
	民営鉄道の敷設、運営に関し規定した法律		
鉄道国有法	明治39年3月31日	昭和62年4月1日	大正9年8月5日改正
	鉄道を国の運営に一元化するため私鉄の国有化を定めた法律		
軽便鉄道法	明治43年4月21日	大正8年8月15日	地方鉄道法
	軽便鉄道を敷設するための手続きを定めた法律		
地方鉄道法	大正8年4月9日	昭和62年4月1日	鉄道事業法
	地方鉄道の敷設、運営に関して規定した法律		
改正鉄道敷設法	大正11年4月11日	昭和62年4月1日	鉄道事業法
	国が建設すべき地方の鉄道路線を定めた法律		
陸上交通事業調整法	昭和13年4月1日	現　行	
	鉄道、バス会社の整理統合に関して政策的促進を図る法律		
鉄道事業法	昭和61年12月4日	現　行	
	鉄道事業を一元的に規定する法律		

川砂利を積んで貨車が走った
JR相模《さがみ》線

通勤・通学路線ながら、のどかなイメージのある
この路線は、かつて、相模川から採収した
砂利の輸送が盛んに行われたことで知られている。
鉄道が比較的早く敷かれた神奈川県にあって、
地元に待望された相模線敷設の経緯を辿った。

昭和59年に廃止された寒川支線跡は一之宮緑道として整備された

独特な存在感のある相模線
そのルーツは相模鉄道

東海道本線の列車を茅ケ崎《ちがさき》で降りると、サザンオールスターズの『希望の轍《わだち》』の発車メロディーに迎えられた。

海のイメージが強い湘南の茅ケ崎を起点に、北へ延びる路線がＪＲ相模線だ。神奈川県の中央部を南北に流れる相模川の左岸に沿って、横浜線橋本までを結んでいる。電化されているが全線単線で、平成3年まではディーゼルカーがエンジンをうならせて走っていた。

運行される4両編成の電車は、相模線だけのオリジナルデザイン。その顔つきはどことなく私鉄の車両を思わせる。

首都圏にあるＪＲ路線のなかでも独特な存在の相模線だが、横浜と海老名《えびな》を結ぶ相鉄本線を運営する相模鉄道がそのルーツにある。

名所も名産品もある高座郡
文明的な交通機関を熱望

東海道本線が横浜から国府津《こうづ》まで延伸開業したのは明治20年（1887）7月。茅ケ崎駅は11年後の明治31年（1898）6月に開業した。

明治41年（1908）には横浜鉄道（現・JR横浜線）の東神奈川〜八王子間が開業。神奈川県内に鉄道が敷設されるなかで、相模川流域の高座《こうざ》郡は江戸時代と変わらない古い道に頼っていた。

明治43年（1910）、開業12年後の茅ケ崎駅の利用状況は、隣の藤沢駅に比べて旅客が29%、貨物は23%しかなかった。

そんななか、大正4年（1915）に当時の茅ヶ崎町長はじめ、有志により「相模鉄道株式会社発起趣意書《ほっきしゅいしょ》」と「企業目論見書」が作成され、茅ケ崎から高座郡北部へ延びる軽便鉄道敷設の免許申請が鉄道院に提出された。

発起趣意書の記載では、相模川流域一帯は、養蚕《ようさん》、農業の地として知られ、人家も多く、名の知れた村も多いが、交通機関は馬車に頼るほかないとし、「将《まさ》ニ文明ノ落伍者《らくごしゃ》タラントスルノ観アリ」(『寒川町史5 資料編 近・現代』)と切に訴えている。

そのうえで、茅ケ崎を起点に相模川流域に沿い、横浜鉄道に連結する相模鉄道を計画。メリットとして東海道本線と中央本線を結ぶルートになり、茅ケ崎〜八王子間が横浜鉄道経由より大幅に短縮されることを挙げた。

沿線には大山《おおやま》阿《あ》夫《ふ》利《り》神社や相模川のアユ漁、七沢や煤《すす》ケ《が》谷《や》温泉などがあり、大山、煤ケ岳の風景もいい。夏は避暑の好適地として行楽客も大いに見込めるなどアピールしている。加えて、穀類、繭《けん》糸《し》、木材、薪《しん》炭《たん》の地場産品。羊、豚など家畜類も多く、輸送機関の設備が整えば利益も増加すると述べている。

相模線は相模川の砂利輸送を主目的に敷設されたといわれる。

これについて企業目論見書には「本会社ハ軽便鉄道条例ニ依《よ》リ鉄道ヲ布設シ、一般ノ運輸、砂利採取販売ノ業ヲ営ムヲ目的トス」と、砂利の採取・販売について明記している。

また発起趣意書には「近年各鉄道、道路等土《ど》工《こう》盛ンナルニツレ、砂利ノ需要劇増セルハ皆人ノ知ル所ナルガ、彼《か》ノ多摩川ノ如キハ逐《ちく》年《ねん》採収困難トナリ従《したがい》テ費用ノ増加ヲ来タシ、漸《よう》ク《や》供給不足ヲ訴ヘントスルノ傾キアリ、恰《あた》カモ相模川ハ其《その》数量ニ於《おい》テ無尽蔵ナルノミナラズ、採収極《きわ》メテ容易ナレバ、本会社ノ付帯事業トシテ之レガ採収販売ノ兼営ヲナサントス、其《その》有利ノ業タル敢《あえ》テココニ贅《ぜい》スルノ要ナカラン」（『寒川町史5資料編 近・現代』）とある。

要約すれば「近年川砂利の需要が高まりつつあるなか、多摩川では年々採収が困難となって費用が増加、供給不足が聞かれるようになった。その点、相模川は無尽蔵かつ採収が簡単、会社で砂利の販売も兼業すれば、経営的に有利であることは言うまでもない」とあり、砂利の採取・販売への期待感をうかがうことができる。

相模川から採取した砂利は、販売先まで本業の鉄道で輸送するわけだから、鉄道敷設の目的に、砂利輸送が最初から織り込み済みだったといえるだろう。

砂利輸送が経営を救う
相模鉄道の名を譲り国有化

大正5年（1916）6月、軽便鉄道敷設の免許が下りた。区間は茅ケ崎〜寒川〜厚木間、厚木〜橋本間と、寒川〜四之宮間（後の寒川支線）。翌年12月に設立総会を開催し、相模鉄道株式会社が誕生した。

会社設立直後から株式払い込みの遅れで資金不足に陥るが、大正8年（1919）11月、茅ケ崎〜寒川間の起工式を執行。

その後も資金調達に苦しみながらも、大正10年（1921）9月28日に茅ケ崎〜寒川間が開業。同時に寒川〜川寒川間に砂利輸送用の支線（昭和6年廃止）が開通した。翌年5月には寒川〜四之宮間を延伸する。

開業後は客貨ともに目論見を下回り、赤字決算が続いたが、大正12年（1923）9月1日に関東大震災が発災し状況が一転する。復興資材として木材やレンガに代わり、頑丈で火災にも強いコンクリートが注目され、砂利の需要が急増したのだ。

相模鉄道の砂利収入は約2・5倍に増加、砂利輸送は、同鉄道における貨物輸送のうち75％にまで上昇した。皮肉にも震災の影響で経営が好転する結果となった。

相模鉄道は大正15年（1926）に厚木まで延伸するが、昭和2年に小田原急行鉄道（現・小田急電鉄）が開通し、都心への利用客を奪われ業績が悪化。建設資金の調達に苦しむも、昭和6年4月にようやく橋本まで延伸し、横浜線と接続した。

それでも戦時色が濃くなるなか、沿線には軍需工場が建てられ、工場への通勤客が増加。

昭和16年に東京横浜電鉄（現・東京急行電鉄）の傘下に入り、昭和18年に現在の相鉄本線の前身である神中《じんちゅう》鉄道を買収している。

昭和19年6月、戦火が増すなか、茅ケ崎～橋本間は首都戦災の際の迂回路と考えられ国有化された。本来の相模鉄道の名称は、合併した旧神中鉄道の路線（相鉄本線）に残されている。

砂利輸送に活躍した寒川～西寒川の通称・西寒川支線は、同時に西寒川にあった相模海軍工廠《こうしょう》へ通勤する人々に利用されたが、終戦後に旅客営業を一時中断。砂利輸送は昭和39年3月、相模川を含む関東南部の河川で砂利採取が禁止となり終了する。旅客列車は昭和35年に運行再開するも利用客が少なく、昭和59年に廃止された。

相模線の歴史において砂利の輸送は大きな存在であったが、敷設の理由はそれだけではなく、むしろ沿線住民による地域振興への思いがあったのだ。

昭和35年撮影の寒川支線・西寒川駅。列車の奥に寒川駅に続く線路がある（撮影＝高沢一昭・寒川町文書館蔵）

西寒川駅跡の碑。駅に隣接して相模海軍工廠があった

寒川駅構内。左の線路は砂利輸送にも使用された側線

海老名駅東側。電車右の線路は相模鉄道厚木線でかつて厚木に接続した

砂利を採収した相模川
河川敷。砂利採収は昭和
39年に禁止された

社家（しゃけ）駅舎は
厚木～橋本間が開業
した大正15年に竣工。
関東大震災後のコン
クリート製だ

京浜工業地帯とともに誕生

JR鶴見線

明治時代後期になると、
日本にも重工業が発達してゆく。
川崎・鶴見沖の遠浅の海岸を埋め立て、
重工業用地として造成されたのが京浜工業地帯。
工場への輸送のために建設された
鶴見線の歴史を辿る。

昭和の面影を色濃く残す国道駅の高架下。臨港デパートと呼ばれた時代があった

貨物専用でスタートした都会のなかのローカル線

横浜市と川崎市にまたがった臨海部に立ち並ぶ工場群。それを縫うように3両編成の電車が走る。鶴見線は朝夕こそ工場への通勤客で混雑するものの、日中は起点の鶴見駅を20分に一本ほどで発着し、駅や車内にものどかな空気が漂っている。

鶴見線には2本の支線がある。そのうちの1本、海芝浦《うみしばうら》支線（浅野〜海芝浦間）の終点・海芝浦駅は、ホームの目の前が東京湾に繋がる京浜運河だ。広々とした水辺の風景に、ちょっとした旅気分を味わえる。

もう1本の大川支線（安善《あんぜん》〜大川間）の終点・大川駅は、平日の朝8時代後半の電車が行ってしまうと夕方17時半頃まで8時間以上電車が来ない。鶴見線には東京近郊のほかのJR路線とはどこか違う雰囲気が漂っている。

鶴見線の嚆矢《こうし》は大正15年（1926）3月、民営の鶴見臨港鉄道が浜川崎〜弁天橋間と、大川支線（大川支線分岐〜大川間）を開業したことに始まる。現在の京浜東北線と接続する鶴見駅はまだなく、浜川崎駅で国鉄の前身である鉄道省の貨物線と接続しているだけだった。開業当初の鶴見臨港鉄道は、旅客が乗車できない貨物専用の鉄道だったのだ。

1カ月後の大正15年4月には、安善町（現・安善）付近で分岐して、石油（のちの浜安善。現在は廃止）までの石油支線、続いて昭和3年8月に浜川崎〜扇町が開業した。

埋め立て地に敷かれた線路 駅名に創業者の名が並ぶ

鶴見線の線路は埋め立て地の上に敷かれた。

明治維新以降、日本では工業の近代化が促進され、まずは製糸や織物などの軽工業が芽生え、明治時代後期には製鉄や石炭、石油など重化学工業が発達した。都市とその近郊には工場や企業が集中し、工業地帯が形成される。重工業は広い敷地が必要で、原料や製品を船舶輸送できれば都合がいい。海に面した広大な埋め立て地は、重工業の用地にうってつけの場所だった。

「貿易港横浜ト大市場東京トノ中間ニシテ、而《しか》も水陸輸送ノ便（中略）完備ス」（『川崎市史』より）とされた京浜工業地帯は、多摩川と鶴見川の河口の間に造成された。

造成以前は河川が運ぶ堆積物のせいで、干潮時には沖合1〜2㎞まで海底が露出するほど遠浅の海辺だった。明治時代末期から埋め立ての計画があったが、これを実現させたのが浅野総一郎。浅野セメント（現・太平洋セメント）の創業者である。

明治29年（1896）、欧米視察に赴いた浅野は、近代的で大規模な港湾の様子を目撃し、港湾や運河と一体化した一大工業地帯を建設する夢をもつようになる。明治41年（1908）に鶴見埋立組合を組織すると、総面積約150万坪の埋め立て地に防波堤、運河、鉄道、道路を建設、橋梁や船舶設備も整備するという壮大な計画を立てた。

大正2年（1913）に免許が下り着工。翌3年、鶴見埋立組合は鶴見埋築株式会社に改組されると、浅野は社長に就任した。

これら浅野の埋め立て事業が順調に進んだ背景には、浅野の商才に着目していた実業家の渋沢栄一を筆頭に、安田財閥を興した安田善次郎ら大物財界人たちの力強いバックアップがあったからだ。加えて、鶴見臨港鉄道の発起人のメンバーである、富士製紙社長の大川平三郎、日本鋼管創業者の白石元治郎《しらいしがんじろう》からも協力があった。

鶴見線の駅名には「浅野」「大川」のほか、安田善次郎の姓名から一文字ずつ取った「安善」、白石元治郎に由来する「武蔵白石」など、鶴見臨港鉄道創業期に携わった人々の名が並んでいる。

埋め立て工事は大正5年（1916）から昭和4年頃にかけて着々と進んだ。

工場への原料運搬と生産物の搬出を目的に建設された鶴見臨港鉄道は、貨物は運ぶが、増加する工場への通勤客を運ぶことができなかった。このため、貨物に加えて旅客営業の免許を申請し、昭和4年に認可が下りた。昭和5年10月に弁天橋〜鶴見（仮）間を延伸のうえ、全線電化して電車による旅客営業が開始された。

工員を運んだ路面電車 海岸電気軌道

鶴見臨港鉄道の旅客営業開始以前、工場への通勤の足となっていたのが、京浜電気鉄道（現・京浜急行電鉄）の傘下だった海岸電気軌道という路面電車だ。

軌道は鶴見駅の南にある、京急本線の総持寺駅（昭和19年廃止）から、鶴見臨港鉄道の内陸寄り、主に現在の産業道路（県道6号）の路面に敷設されていた。富士電機前、浅野セメント前など、企業名を冠した停留所から、軌道はさらに東進し、大師駅（現・川崎大師駅）で京浜電気鉄道に接続していた。

しかし、昭和金融恐慌などの影響を受けて経営難に陥っており、より工場に近い鶴見臨港鉄道が旅客営業を開始すれば、これに太刀打ちできないことは明白だった。

鉄道省は鶴見臨港鉄道が旅客営業許可を受ける際の付帯条件として、海岸電気軌道から合併や買収を求められた時には拒まないことを条件にしていた。海岸電気軌道はこれに従い、鶴見臨港鉄道に引き取られる格好で買収される。鶴見臨港鉄道の路線となって以降、予想された通り乗客は減り続けた。赤字がかさむなか、後に産業道路となる県道の拡張整備に伴って、昭和12年に廃線となる。

現在の京浜急行大師線・川崎大師～大師橋間は、かつて海岸電気軌道の軌道だった用地が利用されている。

臨港デパートと呼ばれた国道駅高架下のにぎわい

昭和5年に延伸開業となった弁天橋～鶴見（仮）間では、国道《こくどう》駅の手前から鶴見（仮）の間で、鶴見川、京浜国道、京浜急行、東海道本線の上を越える必要があった。鶴見臨港鉄道は、これを連続的に跨《また》ぐモダンな高架橋を建設した。

そんな旅客営業開始時の面影を求め、国道駅で途中下車した。

改札を出ると高架下はカーブした通路となっており、通路の天井には、高架を支えるアーチ構造が等間隔で並び、昭和の薫りを包み込んでいる。通路の両脇には店舗の看板が掲げられ、焼き鳥の「国道下」ほか数軒が営業している。以前この店を訪ねたとき、「北口の壁には機銃掃射の跡がある」とマスターが教えてくれたことがある。

見に行くと、ガード下のコンクリートに数カ所、それらしい穴が空いているのが確認できた。重工業地帯の川崎や鶴見付近は、戦時中に空襲の攻撃目標となった。国道駅の高架下にはさまざまな時代を生き抜いてきた歴史が積み重なっている。

今や古色蒼然たる国道駅も開業当時は時代の最先端。しゃれた高架下は店舗として貸し出され「臨港デパート」と呼ばれていた時代を心の中に思い描いてみた。

鶴見臨港鉄道は昭和9年に現在の鶴見駅まで延伸。昭和18年に戦時買収私鉄に指定され国有化。名称も現在の鶴見線となった。

朝夕は通勤客でにぎわう浅野駅

現在は安善駅の側線扱いになっている旧石油支線は、米軍横田基地へのジェット燃料輸送に使用される

扇町駅から埼玉県熊谷市のセメント工場へ向けた、国内唯一の石炭輸送列車が昭和駅を通過（令和2年廃止）

工業地帯を眺めながら運河を渡る（浜川崎〜昭和間）

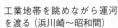

運河を間近にした海芝浦支線の新芝浦駅

大川支線の第五号橋梁には戦時中に受けた機銃掃射の弾痕がある

海芝浦駅には「鶴見線本数少ないです」の注意書きが

周囲すべてが事業用地のため、企業関係者のみ駅の外に出られる海芝浦駅。一般の訪問者は海芝公園にのみ立ち入ることができる

津軽鉄道

本州最北の民鉄敷設の意外な資金源

ダルマストーブのついたストーブ列車が冬場に人気を博しているこの路線は、JR五能《ごのう》線の前身である陸奥《むつ》鉄道の国有化で得た巨額の買い上げ金をもとに、地域発展のため、地元の有力者たちが出資して敷設された鉄道である。本州最北の民営鉄道である、津軽鉄道の歴史を辿った。

普通列車の車両は太宰治にちなみ「走れメロス」の愛称。傍らの腕木式信号機は日本最後の現役機。金木にて

着工すらできなかった初代・津軽鉄道

津軽五所川原《ごしょがわら》駅を起点に、太宰《だざい》治の故郷・金木《かなぎ》を経て、津軽中里までの20・7kmを結んで走る津軽鉄道。その歴史を知るうえで、接続するJR五能線の存在は切り離せない。

津軽地方では、奥羽線の青森～弘前《ひろさき》間が明治27年（1894）に開業。奥羽線に接続する鉄道の建設を目指し、地域の有力者や東京の資本家から資本金を募り、明治29年（1896）に津軽鉄道株式会社（現在の津軽鉄道とは別会社）が設立された。計画では黒石～常盤《ときわ》～五所川原～木造《きづくり》というルートだった。

しかし日清戦争後の物価暴騰や財界不況などの影響を受け、実務がはかどらないままに明治32年（1899）に、会社は解散してしまった。

陸奥鉄道の売却を資金に株主らが津軽鉄道を計画

津軽地方北西部に鉄道建設の機運が再び浮上したのは大正時代に入ってから。大正2年

（１９１３）、鉄道省の技師だった佐山政義が、弘前の菊池九郎、金木の津島源右衛門《げんえもん》（太宰治の父）など、地元有力者に呼びかけて集会を開いたことに始まる。

当初、予定線は３本あったが、採算の見込める川部《かわべ》～五所川原（現・ＪＲ五能線）間に絞り起業目論見を変更、大正５年（１９１６）に陸奥鉄道株式会社が設立された。陸奥鉄道は大正７年（１９１８）９月に開業、業績は好調だった。

続いて鉄道省が五所川原から西、鰺ケ沢《あじがさわ》を経て秋田県の能代《のしろ》へ至る路線を計画、大正13年（１９２４）に五所川原～陸奥森田が五所川原線として開通する。

官営の奥羽線と五所川原線に挟まれる形になった陸奥鉄道は輸送量が増大。小さな民営鉄道では、これに対処できなくなっていた。

陸奥鉄道は国へ国有化を呼びかけ、昭和２年６月に買収。資本金の約２倍という約３３４万円（現在の約52億円）が株主に支払われた。

『津軽鉄道六十年史』には、陸奥鉄道初代社長だった佐々木嘉太郎の口述として「意外な金をふところにした株主たちは、騎虎《きこ》の勢いをもって、次の事業を物色し出した。それは、夏は馬車、冬は馬橇《ばそり》よりない五所川原以北の原始的な交通状態を、なんとかして解決してやりたいということであった。それに加え、県都青森から東郡の蟹田《かにた》、三厩《みんまや》を目ざす鉄道敷設問題が具体化すれば、津軽半島を東側から西側へ迂回して来る環状線も必然的に注目されてくる。（中略）尨大《ぼうだい》な森林資源に恵まれた津軽半島の山林と、小泊《こどまり》脇元漁港からの漁獲品を輸送力に加えるとすれば、これが輸送業績の確保向上は、絶対に期待ができる（後略）」とあり、地元有力者たちの、地域発展にかけた想いが記述から伝わってくる。

昭和2年7月には北津軽郡新鉄道発起人会を開き、会社名を津軽鉄道株式会社と定めた。8月に五所川原〜中里間の地方鉄道敷設免許を鉄道省に申請した。

大正11年（1922）4月に定められた、改正鉄道敷設法の別表には「青森県青森ヨリ三厩、小泊ヲ経テ五所川原ニ至ル鉄道」が予定線として明記されている。

地域の発展に加え、この一部区間でも開業させていれば、国が再びいい値段で買い上げてくれるかもしれない。そんな期待を抱いた株主もいたのかもしれない。

昭和3年2月、鉄道敷設免許を取得、これを受けて津軽鉄道株式会社が正式に設立した。

レールや客車は中古品を調達

津軽鉄道は五所川原〜中里間を昭和3年に着工した。資材および鉄道機材の調達について『津軽鉄道六十年史』には「予算上の制約もあって、全部を新品で賄《まかな》うことは困難であり調達も順調に推移したとは言い難い状況にあった」とある。

レールは鉄道省に中古品の払い下げを請願したが、2年先まで契約済みであり断念する。そこでほかの中古品を物色していたところ、都合よく、官鉄五所川原線の旧陸奥鉄道区間でレール交換があるという話が入ってきた。交渉した結果、これを格安で入手することができたという。

「旧陸奥鉄道建設時も大変な苦労をして外国製中古品を入手した経緯があり、それをまた津軽鉄道が使用したことは、人間における血族関係を思い出させるものがあった」(『津軽鉄道六十年史』より)。陸奥鉄道も使用した開業時のレールは、今も津軽五所川原駅のホームに保存・展示されている。

蒸気機関車は日立製作所、貨車は日本車輌に新造を発注するが、客車は武蔵野鉄道に交渉し中古を15両購入した。

「客車はいまのように真ン中に通路がなく、全部長椅子式で入口には一つ一つ戸がついていた」(『金木郷土史』より)とあるように、武蔵野鉄道から購入した中古車両は、明治時代に製造された二軸の古い三等木造客車だった。

底なし沼を乗り越え開業 沿線の観光開発にも貢献

敷設工事は昭和3年11月には完成予定だった。しかし、沿線は泥炭地の地質で地盤が弱く難航した。特に大沢内《おおざわない》にある底なし沼には手を焼いたという。

「土や石をいくら埋めても沼の底は決まらなかった。（中略）沼の向かい側にあった小山の土を全部費《つか》い、20尺以上の丸太を杭に打ち込んでも限りなく、遂にその深さ70尺（約21m）と確認された。そして工事の見通しがつくまでには、この沼だけに10万円の費用がかけられる始末となった」（『津軽鉄道六十年史』より）。

当時の10万円は現在の約1・6億円に相当する。金額の大きさからも工事の大変さが想像できる。

結局工事は約2年遅れ、昭和5年7月に五所川原（昭和31年津軽五所川原駅に改称）～金木間が、同年11月には中里（現・津軽中里）まで開通して全通。工事費の超過、昭和恐慌による不況により、津軽鉄道の経営は思わしくなかった。

昭和6年には凶作に見舞われ、経営不振に追い打ちをかけた。米は貨物輸送の主要な品目だった。

津軽鉄道は経営改善の一環として、昭和9年からバス事業に乗り出した。これは周囲のバス会社から路線を買収し、拡大したもの。これが功を奏して経営が好転した。

加えて観光開発にも目が向けられた。桜の名所となっている芦野《あしの》公園は津軽鉄道が区会、金木町商工会、有志らと連携して整備したものだ。

「藤枝溜池の自然の風致に着眼し、ここに桜を植え、ボートを浮かべて見事な自然公園に仕上げ、春の観桜会、秋の紅葉まつりを行って、沿線随一の名所に育てあげたのである」(『金木郷土史』より)。

昭和30年代には、青森から三厩、小泊を経て津軽中里へと、津軽半島を一周する津軽環状線の建設運動も再浮上したが、夢に終わった。

令和2年に開業90周年を迎えた津軽鉄道は、ほかの地方鉄道と同様、厳しい経営状況に置かれている。ストーブ列車を活用したイベントや、トレインアテンダントの乗務など、懸命な集客努力が続けられている。

津軽五所川原駅のホームは懐かしい雰囲気

今も昔ながらの通票閉塞が
用いられる

ホームに歴代のレールを展示。創業時は
レールの購入に苦労し、陸奥鉄道のレー
ル交換で発生した中古を使用した

終着の津軽中里駅構内にある
転車台は見学可能

津軽森林鉄道は津軽半島を横断した唯一の鉄道。日本の森林鉄道で最初に開通したトンネルの坑口が残る。平成6年撮影

12〜3月に走るストーブ列車は国鉄の客車を改造

桜名所として開発された芦野公園旧駅舎は喫茶店「駅舎」として活用

金木の太宰治記念館「斜陽館」は太宰の父が建てた豪邸

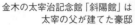

新京成電鉄

線路の蛇行が歴史を語る

富国強兵をスローガンにした明治政府は、日清戦争、日露戦争を足がかりに大陸侵攻へと乗り出した。鉄道は戦地での兵員、兵器、物資輸送に不可欠とされ、敷設や修復、運行を執り行う鉄道連隊が組織される。新京成電鉄の路線は、鉄道連隊の演習用がもとだった。

線路端に立つ「陸軍」の敷地境界標が夕闇に浮かぶ。八柱駅付近にて

鉄道が兵種となった時代
鉄道大隊から鉄道連隊へ

　ＪＲ総武本線の津田沼と常磐線の松戸を結ぶ新京成電鉄は、カーブが多い路線として有名だ。両駅間は直線距離で約16㎞のところ、線路の長さは26・5㎞。その理由が、旧日本陸軍が敷設した軍用鉄道をもとに敷かれたという事実は、鉄道や歴史が好きな人にはよく知られている。

　速やかに大量の兵員や物資を輸送できる鉄道は、草創期より軍事との結びつきが深い。明治時代には富国強兵の一環として、鉄道敷設の計画に、軍が影響力をもって介入する場面も多くあった。日本においては第2次世界大戦まで、鉄道は軍事上重要な存在だった。また海外では現在も軍事施設の一部とみなし、撮影などを禁止している国もある。

　鉄道を兵種の一つとして、軍事行為に利用する目的で組織されたのが日本陸軍の鉄道連隊。戦地での鉄道敷設、修理、兵員や武器弾薬、軍需物資などの輸送を使命とした。

　新京成電鉄の線路の多くは、この鉄道連隊が演習用に敷設した線路跡を利用、一部路線変更して新たに開業したものだ。

明治29年（1896）11月、東京府牛込区（現・新宿区）に鉄道大隊が発足。翌30年には中野へ移転して活動を開始する。

鉄道大隊は日露戦争では、明治37年（1904）から遼東《りょうとう》半島東部に安奉《あんぽう》軽便線を敷設。別組織の野戦鉄道提理部が、ロシアから奪った東清《とうしん》鉄道を修復、利用するなどの成果を上げた。この活躍を受け、鉄道大隊は明治40年（1907）に鉄道連隊へ昇格。中野から千葉県千葉町（現・千葉市）と津田沼町（現・習志野市津田沼）へ転営した。

鉄道連隊はその後も改編を重ね、大正7年（1918）10月、2個連隊に増強。千葉に第一連隊、津田沼には第二連隊が置かれ、第2次世界大戦が終結するまで、この2個連隊が中心となった。

鉄道連隊は最大20個連隊まで増設された。例えばタイとビルマ（現・ミャンマー）を結んで計画された泰緬《たいめん》鉄道は、第五・第九連隊が建設を行ったものだが、その多くが第一、第二連隊を母体として、各々の駐屯地内で編成されたものだった。

津田沼の鉄道第二連隊が松戸への演習線を建設

津田沼の鉄道第二連隊は総武本線津田沼駅の南に兵営が置かれた。線路を挟んだ北東側には機関庫や材料廠《しょう》が設置され、軽便から広軌まで、軌間の違う線路が複雑に敷かれていたという。

敷設の演習で主に用いられたのは、長さ5mのレールに枕木があらかじめセットされた、軌匡《ききょう》と呼ばれる線路。6人で持ち運ぶことが可能で、台車に積み、次々に敷設しながら進むことができた。

これとは別に運転や、脱線復旧作業の訓練などに使用する常設の演習線を敷設。すでに第一連隊では、千葉〜津田沼間のほか、千葉〜四街道《よつかいどう》方面への線路をもっていたが、第二連隊には演習線がなかった。

大正15年（1926）、近衛師団長が作成した予算申請書には「鉄道連隊演習用トシテ現在千葉、津田沼間ニ軽便線ヲ有スルモ、之《これ》ノミヲ以《もっ》テシテハ教育上不便甚《ふべんはなはだし》カラサルヲ以テ、該線ニ連絡シ津田沼松戸線（中略）軽便線一条ヲ五年計画ヲ以テ敷設致《いたす》（後略）」

(『鎌ケ谷市史』より『陸軍省大日記』を転載)と書かれている。

この計画をもとに、津田沼~松戸間に第二連隊用の演習線が昭和2年に着工され、5年後の昭和7年に完成した。

廃線跡を蘇らせ新京成電鉄が発足

昭和20年9月2日、日本は東京湾上の米軍艦「ミズーリ」で降伏文書に調印し敗戦、鉄道連隊は解散した。演習線の一部の区間は撤去されたが、多くは放置されたままとなる。

京成電鉄は、津田沼~松戸間の演習線跡地を利用した新線を計画。これと併行して、戦後の資材不足に苦慮する西武農業鉄道(現・西武鉄道)が資材の払い下げを求めた。廃線跡の利用をめぐって、京成と西武が争う格好となったが、昭和21年3月、地元千葉に路線をもつ京成側に軍配が上がる。

同年8月、下総《しもうさ》電鉄の名称で免許を取得。10月に新京成電鉄が創立された。翌22年12月には最初の区間、新津田沼(初代)~薬園台間が開業する。

その後、戦後の資材不足に見舞われながらも線路は段階的に延伸。昭和30年に初富~松戸間が完成して全通した。カーブの多い演習線の路線は、数カ所がショートカットするルートに敷き直されている。

そのうちの一つ、鎌ケ谷大仏駅の南側に残る、旧演習線の遺構を訪ねた。二和向台《ふたわむこうだい》から緩くカーブを描く廃線跡を歩くと、アカシア児童遊園に辿り着く。公園を横切るように、鉄道連隊が造った橋脚が4基佇んでいた。

続けて前原からJR津田沼に隣接する新津田沼、京成津田沼へかけての急カーブを見学。この区間は乗り換えの利便性などから3度のルート変更が行われており、乗り換えなど想定していない演習線をもとにした新京成電鉄の苦労が偲ばれる。

鉄道連隊は敵軍を防ぐための破壊も使命にあったが、主に建設や補修を目的とした。関東大震災後には、被災した線路の修復にも活躍したという。

鉄道が再び兵種として使用されることのない世界が続くことを願ってやまない。

古い絵ハガキの鉄道第二連隊の軽便鉄道敷設作業演習風景。台車に載せた軌匡とそれを6人で担ぐ様子が写されている

レールと斧を図案化した鉄道連隊の紋章

アカシア児童遊園の鉄道連隊橋脚跡。昭和4年に木造で完成したが、16年にコンクリート製に改築

沿線には陸軍の敷地境界標が今も残る

新津田沼駅付近は国鉄（現・JR）津田沼駅に接続するために急カーブとなった

国有鉄道呼称一覧

ＪＲの前身は国鉄であるが、日本の国有鉄道はそれ以前に何度も呼び方が変わっている。以下一覧にまとめてみた。本書では、官設鉄道や官営鉄道、国有鉄道と表記しているので、各年代の呼称として参照してもらえれば幸いである。

名　称	発足年月日
工部省鉄道寮（鉄道局）	明治4年8月14日
↓	
鉄道局（内閣直属）	明治18年12月22日
↓	
鉄道庁（内務大臣所管）	明治23年9月6日
↓	
鉄道庁（逓信省所管）	明治25年7月21日
↓	
鉄道局（逓信省）	明治26年11月10日
↓	
鉄道作業局（逓信省外局）	明治30年8月18日
↓	
帝国鉄道庁	明治40年4月1日
↓	
内閣鉄道院	明治41年12月5日
↓	
鉄道省	大正9年5月15日
↓	
運輸通信省	昭和18年11月1日
↓	
運輸省	昭和20年5月18日
↓	
日本国有鉄道	昭和24年6月1日
↓	
JR各社	昭和62年4月1日

昭和の大阪に生まれた大動脈

Osaka Metro

御堂筋《みどうすじ》線

昭和初期、東京と大阪で産声を上げ、現在では
札幌から福岡まで11都市で運行される地下鉄。
大阪では都市計画の一環として整備が進められた。
大阪で最初に開業した地下鉄・御堂筋線、
その開業前後の歴史を辿った。

心斎橋駅のヴォールト天井に並んだシャンデリア風照明。開業時には白熱灯照明が2列使用されたが、昭和28年に交換された

人力車から市電へ移った明治大阪の都市交通

戦国時代から江戸時代、大坂には堀川（運河）が開削され、格子状に流れる水路には荷を積んだ船が行き交った。「天下の台所」と呼ばれた大坂の発展は、堀川を利用した舟運により支えられてきた。

明治に入ると紡績業などの大規模工場が作られ、大阪は工業都市として生まれ変わる。明治22年（１８８９）人口約47万人の大阪市が誕生。その後も急成長し、８年後の明治30年（１８９７）には人口約75・８万人に増加した。

明治時代の都市交通として、東京には馬車鉄道もあったが大阪では普及せず、代わりに明治36年（１９０３）、堀川を利用した巡航船が就航。同じ年に、公営では初めての路面電車・大阪市電が開業した。

新たな２つの交通手段の出現によって、明治時代初期から市民の足であった人力車が衰退する。その後、市電の拡張が進むと巡航船の利用者も減り、大正に入るとその役目を終えた。

大大阪への躍進と御堂筋線の開業

大正時代から昭和初期にかけての大阪は飛躍的な発展を遂げる。この時期、大阪の都市作りに尽力したのが、後に「大大阪の恩人」と呼ばれる関一《せきはじめ》だった。

関は明治31年（１８９８）からヨーロッパへ渡り、ベルギーの鉄道学校やドイツに留学、都市計画や社会政策を学んだ。帰国後は大学で教鞭を執るも、大正３年（１９１４）に助役として大阪市に迎えられ、大正12年（１９２３）から逝去する昭和10年まで第７代大阪市長を務めた。

関の考える都市計画のなかには、高速鉄道の存在があった。

「都市計画の目的は（中略）都市の経済機能を高めることにもあるが、何よりも住宅地を開発し、高速鉄道によって都心と結んで都市人口の分散を図り（中略）住み心地よき都市を建設することこそにある」（『大阪市史』第７巻）。

ここでの高速鉄道とは、市電よりも速い鉄道を意味し、大阪市は大正９年（１９２０）から、高速鉄道の調査を帝国鉄道協会と土木学会に委嘱。地下鉄のほか、高架式鉄道の案も検討された。翌年には「第1次都市計画事業」が内閣に認可。これは御堂筋など大阪の街路を新設、拡張する事業が中心だった。

御堂筋は梅田から難波《なんば》に至る約4㎞のメインストリート。道幅が43・6ｍもあり、地下には高速鉄道である地下鉄第1号線（のちの御堂筋線）を通す計画がすでに含まれていた。高速鉄道の計画は街路整備とセットで考えられていたのだ。

大阪市は大正14年（1925）に「第二次市域拡張」を実施。市域面積がそれまでの約3倍になり、人口は当時日本の都市で第1位（世界で第6位）の約211万人を数えた。

そのようななか、大正15年（1926）に「高速度交通機関敷設に関する件」が市会で決議。昭和2年には市域を縦横に走る4路線の敷設と営業の特許を取得した。そして昭和5年1月、御堂筋の平野町街頭で関市長の鍬入れにより起工式を挙行し、大阪地下鉄1号線がいよいよ着工した。当時の日本は不況にあり、失業者救済事業として、国に起債を取り付けたという一面もあった。

大阪は「3ｍ掘れば水が湧く」といわれる軟弱地盤で、実際に工事が始まると作業は難航した。特に難工事だったのが、堂島川、土佐堀川の川底を通る区間と、梅田駅だった。

当時の地下鉄工事は、地面を掘り下げ、地下構造物を作ったあとで埋め戻す「開削《かいさく》工法」

が用いられた。ドイツから輸入した蒸気ハンマーで鋼矢板《こうやいた》（シートパイル）を連続して深く打ち込み、土が崩れるのを防ぎながら掘り進められた。蒸気ハンマーによる振動は激しく、付近の民家が傾いてしまう事態が発生したという。

こうして建設工事が進むなか、淀屋橋付近の中之島で「地下から埋蔵金が出るのではないか」と、色めき立ったというエピソードが残されている。

淀屋橋付近の中之島は、旧淀川本流の中州に位置し、下流方には安治川と木津川の分流点という水上交通の利便性から、江戸時代には諸藩の蔵屋敷が立ち並び栄えた。そんな中之島で商いを行い、成功を収めたのが淀屋一族。初代の淀屋常安は、中之島に自前で橋を架《か》け、それが淀屋橋駅の名前の由来にもなっている。

江戸時代中期、5代目・淀屋辰五郎（廣當《こうとう》）の頃には「前代未聞の豪商」と呼ばれるまでになり、「町人の分限をこえ、贅沢な生活が目に余る」と、お上から目を付けられてしまう。全財産を没収され、大坂からも追放される厳しい処分（闕所《けっしょ》）を受けた。

地下鉄1号線のルートは、そんな淀屋の屋敷跡にかかったのだ。財産没収から逃れようと、一族の誰かが地下に埋めた財産の一部が出てくるのでは?と考える者もいた。

ところが出てきたのは未開栓のビールやサイダーなどの瓶類ばかり。期待を裏切られた関係者は、瓶の栓を開けて、ビールやサイダーを飲んだという話が伝えられている。

こうして大阪では初めての地下駅工事は、さまざまなエピソードを生みながら進み、昭和8年5月20日、仮設の梅田～心斎橋間3・1㎞が開業した。東京地下鉄道（現・東京メトロ）浅草～上野間に続き日本で2番目、公営としては初めての地下鉄開業となった。

開業の日は土曜日で、初電車の出発は午後3時。大阪初の地下鉄に乗ろうと多数の人々が押し寄せた。電車は超満員となり、本来ならば梅田～心斎橋間が5分30秒のところ、大幅に遅れて12分間かかった。乗客や見物に来た人々は、日本離れした駅の様子に「宮殿のようだ」と驚き、設置されたエスカレーターの前で履物を脱ぐハプニングもあったという。エスカレーターは「東京の地下鉄にもない」と、大阪市民の自慢のタネになった。

心斎橋駅のホームに見る100年後を見越した先見性

御堂筋線に乗り、開業時には終端駅だった心斎橋で電車を降りた。

乗降場には、ヴォールト天井と呼ばれるアーチ形の空間が広がる。アーチ構造は柱を建てる必要がなく開放的だ。ヨーロッパの地下鉄駅を手本にしたといわれている。

これら設計を監修したのが「関西建築界の父」と呼ばれる建築家・武田五一《ごいち》。武田は20代の終わりから30代はじめに、文部省の派遣でイギリス、フランス、イタリアなどへ留学、その後も欧米視察を重ねてきた。

武田の知見と、ほぼ同時期にヨーロッパへ留学した関市長の思いが合致を見たのだろう。ヨーロッパ的な建築デザインが、アーチ天井など、駅の各所に活かされている。

天井で特に目を引くのは、中央に並んだ10基のシャンデリア風照明。広げた傘を逆さにしたような逆円錐形で、傘の骨にあたる部分に42本の蛍光管が使用されている。開業時には行灯《あんどん》のような白熱灯が2列使用されたが、昭和28年10月に、現在の器具に交換された。これはこれでアーチ天井に似合っている。

階段を上ってコンコースに出ると、高速鉄道の初代建設部長を務めた清水熙《ひろし》のレリーフが掲げられている。電気局電気鉄道課に奉職以来、路面軌道の建設に取り組んできた清水は高速鉄道計画の担当を兼務し、海外の地下鉄を視察するなど、建設準備に取り組んできた。

「100年先のことを考えて悔いのないような規模にすること、費用を惜しまず最新の技術と設備を採用すること」を基本方針に、関市長の配下で地下鉄建設に尽力した人物だ。

開業当初、電車は単行（1両）で運転されたが、ホームの長さは将来を見越し12両分（当時の車体長は約17・7m）に設計された。

開業当初、これを見た大阪市民のなかには「電車は1両なのにホームが長くて、市長は頭おかしいんちゃうの」と思わず口にする者もあったという。利用者の増加で車両が大型化し、現在は10両編成へと増したのだから先見性があった。

心斎橋駅のホームにいると、そんな先人の先見性や工夫をその空間から感じとることができる。

開業の頃の淀屋橋駅ホームを写した古い絵ハガキ。長いホームに対し電車は1両だった（筆者所蔵）

淀屋橋の架かる土佐堀川。川を堰き止めて施工したが、崩壊事故を起こした

淀屋の碑。淀屋橋を架けた江戸時代の大富豪・淀屋の敷地の地下が建設ルートとなり、「埋蔵金が出るのでは？」と色めきたった

心斎橋駅にある初代建設部長、清水熙のレリーフ

JR仙山《せんざん》線

熱望された都市間輸送

日本を縦貫する幹線鉄道が建設されると
幹線同士を結ぶ路線が計画された。
宮城と山形の県都を結ぶ仙山線もその一つ。
険しい奥羽山脈を越える難産の路線となった。
開業後は交流電化の試験が実施され、
日本の電化発展に貢献した。

奥羽山脈の深い山間を走る仙山線の快速電車。作並～奥新川間

建設ルートをめぐり沿線で論争が展開

東北地方には東北本線、奥羽本線の大幹線が南北に縦貫し、両線を東西に結ぶ路線が肋骨のように敷かれている。南から仙山線、陸羽東線《りくうとう》、北上線、田沢湖線、花輪線で、いずれも奥羽山脈を横断する路線だ。

『JR時刻表』の路線図を見ると、幹線を示す黒いラインは仙山線のみで、あとの路線は地方交通線を示す青いラインで表記されている。

仙山線は宮城・山形の県庁所在地を結ぶ都市間輸送のため幹線だが、開通までの道のりは、決して平坦ではなかった。

仙台〜山形間（以下、仙山間）の鉄道計画が表面化したのは、明治25年（1892）のこと。『山形県史』によれば、山形市議会の議場で当時の山形市長が「奥羽鉄道の外《ほか》、仙台の本線より山形への横断線が、二ヵ所予定されてゐる」ことを明らかにしたとある。

予定線2カ所のうちで最短ルートを採用することが決議されたが、「宮城県側の態度が冷淡で、鉄道局も積極的にこれをとりあげようとしなかった」という。

その後、奥羽本線が明治34年（1901）に山形まで到達、仙山間に鉄道を建設する議論が再燃した。

仙山間には奥羽山脈が横たわっており、これを越える必要がある。峠越えの地点として、関山《せきやま》峠、二口《ふたくち》峠、笹谷《ささや》峠の3案が浮上。これが沿線の思惑を巻き込む論争を生んだ。大正7年（1918）6月の『河北新報』では「仙山鉄道問題」として報じている。

もともと仙台と山形を結ぶ街道は、現在の国道48号にあたる関山峠が主要ルートで、主に宮城側がこれを支持した。河北新報は「仙台市の古い意嚮《いこう》（向）」という見出しで表現。山形市への直達にこだわらず、仙台西部の発展を重視した。

これに対し、山形市側が危機感を抱いた。関山峠案は、山形駅から約20㎞も離れた神町《じんまち》駅で奥羽線と接続するため大幅な迂回となる。また県北と宮城との間には、すでに陸羽東線（小牛田《こごた》～新庄間）が大正6年（1917）に開通しており、山形市を迂遠する形で、鉄道が県北部へ集中するのを避けたかったようだ。

このため山形市の有力者は、地勢がやや厳しいが、最短距離となる二口峠、笹谷峠案を強硬に主張した。

仙山トンネル完成
明治以来の悲願の全通

論争が繰り広げられながらも、大正12年（1923）3月の帝国議会で仙山線の着工が決定する。

しかし、その年の9月に関東大震災が発生。その影響から、鉄道建設はご破算になる可能性があった。そこで宮城、山形の実業家らは民営の仙山鉄道を設立。施工着手認可申請を行うなどの一幕もあった。

最終的には鉄道省の主導で、峠越えの地点を現在のルートと定めることに決定。宮城側は大正15年（1926）に着工され、仙山東線として仙台～愛子《あやし》間が昭和4年に開通、2年後には作並《さくなみ》まで延伸した。

一方の山形側は市内のルート選定をめぐって一悶着あった。

山形駅から奥羽線を北進して東村山郡千歳《ちとせ》村大字長町（現在の羽前千歳駅付近）を分岐点にする案と、市街地の東側に駅を新設し、山形駅から東へ迂回して敷設する2案が対立した。北進案は鉄道省が最適地として測量したもので、迂回案は、山形市議会が市の発展を鑑みて陳情・請願したものだった。

この争いの裏には政治的な駆け引きもあったというが、昭和6年2月、山形市議会が鉄道省に決定を一任することで、昭和7年にようやく着工。翌8年に仙山西線として羽前千歳～山寺間が開通した。

残る作並～山寺間は奥羽山脈の山懐へ分け入る区間。県境には全長5361mの仙山トンネルが穿《うが》たれた。上越線・清水トンネル（9702m）、東海道本線・丹那《たんな》トンネル（7804m）に次いで、当時は国内第3位の長さとなった。

トンネル内は単線だが、山形寄り抗口の近くは列車交換が可能なように複線断面で建設され、面白山《おもしろやま》信号場が置かれている。

仙山トンネルは昭和11年9月に貫通、翌12年11月に開業し仙山線が全通した。明治25年に山形市議会で計画が提示されて以来、45年の悲願が達成されたことになる。

日本の鉄道における交流電化発祥の地

長大な仙山トンネルは煙を吐く蒸気機関車の運行が困難だったのに加え、トンネルの前後に33‰《パーミル》（水平に１km進むと垂直に33ｍの高度差）という急勾配が続くことから、作並～山寺間は開業時から電化された。東北地方の官鉄線では初めての電気機関車の導入だった。

鉄道の電化方式には直流と交流があるが、構造が簡単な直流電化方式が最初に採用された。作並～山寺間も開業当初は直流だった。

戦後復興から高度経済成長期へ至る過程では、商用電力が使用でき、工事費の安い交流電化方式が注目され、全国の鉄道線に採用されていく。

仙山線はその試験のための路線として白羽の矢が立ち、昭和29年に北仙台～作並間で交流電化の地上試験が開始された。

昭和32年には交流電化を仙台～作並間に拡大し、ついに日本初の交流電気機関車牽引による旅客列車の営業運転が始まった。昭和43年には全線が交流電化されている。

そんな仙山線の快速電車に乗り、県境を越えてみた。

仙台～愛子間は通勤通学路線で、ほぼ３本に２本の割合で同区間の折り返し運転となっている。愛子からは緑が濃くなる。高さ約51ｍの第二広瀬川橋梁を瞬く間に通過、列車はほどなく作並駅に到着した。

開業時には蒸気機関車から電気機関車へ、交流電化試験では交流電気機関車から直流電気機関車へと機関車を交換した作並駅構内は広く、現在も車庫が残っている。

作並を出れば鬱蒼とした山間に入り、やがて仙山トンネルに突入。抜けて渓谷を下れば、車窓右側の岩壁に立石寺《りっしゃくじ》の五大堂を眺めて山寺に到着する。多くの観光客が下車した。

開業時、仙台〜山形間は約2時間半かかったが、現在は快速電車で1時間20分ほど。かつてはグリーン車を連結した急行「仙山」が走った時代もあった。現在は料金が安く本数も多い高速バスが最大のライバルとなっている。

陸前白沢～熊ケ根間に架かる第二広瀬川橋梁。鋼材を組んだトレッスル橋脚が深い谷間で線路を支える

交流電化の実験を行ったED91形（当時はED45形）が宮城県利府町の森郷児童遊園に保存されている

作並～山寺間は33‰の急勾配が連続

作並駅ホームにある交流電化発祥地の碑

山寺駅構内に残る転車台。仙山線鉄道施設群の一つとして選奨土木遺産になっている

列車先頭から見る
仙山トンネル仙台側の坑口

面白山高原駅にある工事殉職碑。
山形側7名、仙台側6名が殉職した

米屋こうじ（よねや こうじ）
1968年、山形県生まれ。鉄道に生活感や歴史を求めて、日本と世界を旅しながら撮影を続けるカメラマン。人の手により受け継がれている鉄道遺産を取材した『ニッポン鉄道遺産』（交通新聞社・共著）、アジア鉄道旅でのふれあいを綴った『ひとたび てつたび』（ころから）、“国鉄一族”だった自身の家族の記憶を綴った『鉄道一族三代記』（交通新聞社新書）など著書多数。月刊『旅の手帖』などでも執筆。

本書は月刊『旅の手帖』に連載中（2017年11月号～）の「鉄道時間旅行」を加筆、編集したものです。
本書の情報は連載当時のものです。

交通新聞社新書142
鉄道路線誕生秘話
日本列島に線路がどんどんできていた頃
（定価はカバーに表示してあります）

2020年4月15日　第1刷発行

著　者——米屋こうじ
発行人——横山裕司
発行所——株式会社　交通新聞社
https://www.kotsu.co.jp/
〒101-0062　東京都千代田区神田駿河台2-3-11
NBF御茶ノ水ビル
電話　東京（03）6831-6560（編集部）
東京（03）6831-6622（販売部）

印刷・製本—大日本印刷株式会社

ISBN978-4-330-04420-0